Claudia Behringer

Frei und stark

Claudia Behringer

Frei und stark

Warum Geld für Frauen wichtig ist

Edition Forsbach

Hinweis
Die Informationen und Ratschläge in diesem Buch haben sich in der Praxis vielfältig bewährt. Sie wurden von der Autorin und vom Verlag sorgfältig geprüft. Sie bieten jedoch keinen Ersatz für eine fachspezifische Beratung. Alle Angaben in diesem Buch erfolgen daher ohne jegliche Garantie oder Gewährleistung seitens der Autorin und des Verlages. Eine Haftung der Autorin bzw. des Verlages für Personen-, Sach- und Vermögensschäden ist ausgeschlossen.

Bibliografische Information der Deutschen Nationalbibliothek
Die Deutsche Nationalbibliothek verzeichnet diese Publikation in der Deutschen Nationalbibliografie; detaillierte bibliografische Daten sind im Internet über http://dnb.dnb.de abrufbar.

Edition Forsbach
Bücher mit Herz

www.edition-forsbach.de

FSC www.fsc.org
MIX
Papier aus verantwortungsvollen Quellen
FSC® C083411

Redaktion und Lektorat: Dr. Beate Forsbach
Korrektorat: Sandra Dorn
Coverbild: © kae4b, Adobe Stock,
Covergestaltung und Grafik: Tim Gouder

Druck und Bindung: CPI books GmbH, Leck
Printed in Germany
ISBN 978-3-95904-166-9 (Print)
ISBN 978-3-95904-167-6 (E-Book)

WIDMUNG

Dieses Buch widme ich meinem Mann Michael und meinen drei Söhnen Stephan, Manuel und Johannes.

Ich danke euch, dass wir so ein gutes Team sind!

Durch eure Ermutigung habe ich meine Geschichte, meine Lebens- und Finanzerfahrung in diesem Buch niedergeschrieben.

INHALT

GELEITWORT VON BEATE FORSBACH

Geld ist nicht wichtig – das war viele Jahre lang meine Überzeugung. Denn Geld hat man einfach – und die Sparsamkeit mancher Leute grenzte für mich schon an Geiz. Als höhere Beamtin verdiente ich viel, und das Geld kam an jedem Monatsende automatisch auf mein Konto. Ich dachte groß und gab bald immer mehr aus, als da war. Aber da gab es ja den Dispokredit, den die Bank angesichts meines sicheren Gehalts sehr großzügig bemessen hatte. Der gehörte für mich zum verfügbaren Einkommen.

Die erste Kreditkarte war eine Offenbarung: Mein finanzieller Spielraum wurde immer größer. So kamen bald noch weitere Kreditkarten dazu – manche davon konnte man sogar in Raten abzahlen, und man konnte auch Bargeld bekommen. Mein schönes großes Gehalt war oft bereits am Monatsanfang verbraucht, weil ich den Dispokredit ganz ausgenutzt hatte.

Meine Mutter (Jahrgang 1921) hatte mir beigebracht, dass man als Frau immer unabhängig von einem Mann bleiben sollte, vor allem auch finanziell unabhängig. Sie hatte die Weltwirtschaftskrise 1929 erlebt, den zweiten Weltkrieg und viele weitere Krisen. Sie war sehr sparsam und kam immer mit ihrem Geld aus. Aber als sie in Rente ging, blieb ihr Einkommen jahrelang auf einem gleichmäßigen Level, ihre Ersparnisse schmolzen dahin, und ihr großes Hobby, die Malerei, bescherte ihr kein zusätzliches Einkommen, da sie für ihre Bilder viel zu wenig Geld verlangte.

Daher freue ich mich, das vorliegende Buch *Frei und stark. Warum Geld für Frauen wichtig ist* von Claudia Behringer in meinem Verlag zu veröffentlichen und das Geleitwort dazu zu schreiben. Wir teilen die Leidenschaft, andere Frauen dabei zu unterstützen, die Verantwortung für ihr Geld selber zu übernehmen und finanziell unabhängig zu werden. Ebenso teilen wir die Überzeugung, dass jede Frau selbst dafür sorgen sollte, auch im Alter gut zu leben. Denn wer sich auf die Rente verlässt, wird niemals finanziell frei, wie der Untertitel des Buches *Rente oder Wohlstand* von Deutschlands bekanntestem Moneycoach Bodo Schäfer lautet.

Ich habe meinen Verlag vor zehn Jahren mit 58 gegründet und gedenke ihn noch viele Jahre weiterzuführen – mit wachsendem Erfolg und zunehmendem Gewinn. Mein Ziel ist es, Bücher für ein besseres Leben in die Welt zu bringen und Autoren dabei zu unterstützen, ihre lebensdienlichen Gedanken für ein positives, gelingendes Leben durch Bücher zu verbreiten.

Claudia hat sich mit 65 Jahren, nach über 20 Jahren als Expertin für Finanzen mit Herz und Fachberaterin für Nachhaltiges Investment neu als Finanzcoach positioniert und unterstützt nun – statt Ruhestand – Frauen, die ihre Finanzen und damit ihr Leben selbstständig in die Hand nehmen wollen. Ihr Herzensanliegen ist es, Frauen zu ermutigen, das eigene Leben aktiv zu gestalten und die eigenen Kräfte, Energien und Potentiale zu nutzen, um ein selbstbestimmtes Leben in Wohlstand und Fülle zu leben.

In ihrem Buch *Frei und stark* vermittelt sie Geldwissen auf eine völlig neue Weise und erklärt es einfach und verständlich. Sie zeigt mit Leichtigkeit, dass die Finanzgesetze kein Buch mit sieben Siegeln sind und dass es sogar Spaß machen kann, sich mit seinen Finanzen zu beschäftigen.

Vor allem aber macht sie Frauen Mut, ihre Einstellung zum Geld zu erkunden und zu verändern, Sachverhalte zu verstehen, die richtigen Entscheidungen zu treffen, finanzielle Angelegenheiten in Ordnung zu bringen sowie an die persönlichen Lebenssituationen und Wünsche anzupassen, und das mit nachhaltigen Geldanlagen.

Ich hätte mir gewünscht, dieses Buch schon früher lesen zu können. Schon vor über zwanzig Jahren interessierte ich mich für Bücher über Wohlstand und den Traum vom guten Leben. Denn durch meinen Mann, der als Kriegskind sehr viel hatte entbehren müssen, hatte ich erfahren, dass es noch eine andere Art zu leben gibt, als nur sparsam zu sein und fleißig zu arbeiten.

Erst als Verlegerin und Unternehmerin habe ich begriffen, wie wichtig Geld für mich ist: Es bedeutet Freiheit und bringt Freude. Und es ermöglicht mir inzwischen, auch Gutes für andere zu tun, um so die Welt ein wenig zu verbessern.

Lies dieses Buch bitte *mehrmals* – du baust dir damit eine Grundlage für deinen finanziellen Erfolg und für ein selbstbestimmtes Leben in Wohlstand und Fülle.

Ich wünsche dir viel Spaß beim Lesen und großen Erfolg beim Umsetzen!

Deine Beate Forsbach

***Dr. Beate Forsbach**, Studiendirektorin a. D., Verlegerin, Autorin zahlreicher Schreibratgeber und Bücher zur Lebenskunst, Mentorin für angehende Autoren „Bücher schreiben mit Herz“*

www.beateforsbach.de

EINLEITUNG: WARUM GELD FÜR FRAUEN WICHTIG IST

Mein Herzensanliegen ist es, dass du Freude daran findest, dich ständig neu zu erfinden, egal wie jung oder alt du bist. Mit dem Ansinnen, frei zu sein, dein Leben bewusst zu leben und dein persönliches Finanzkonzept für eine Existenz in Sicherheit, Unabhängigkeit und Freiheit anzugehen.

Reichtum ist mehr als Geld. Reichtum ist die Erfüllung deines Lebenssinns und deines Lebenszwecks. Er bringt dir lebenslange Freiheit!

Wie stellst du dir eine gelungene Zukunft zum Wohle aller vor? Ich bin mir sicher, dass wir Wohlstand für alle schaffen können, wenn wir das Finanzwissen in die Mitte der Gesellschaft tragen. Nur so können wir verhindern, dass die finanzielle Ungerechtigkeit in der Welt immer weiter zunimmt.

Wenn wir 2020 und 2021 etwas dazugelernt haben, dann ist es ganz sicher Anpassungsfähigkeit, Flexibilität und Offensein für Neues. Wir wissen nicht, wie sich unsere Lebensformen nach der Coronapandemie weiter entwickeln werden.

Doch wir können anfangen, unser Leben kreativ in die Hand zu nehmen.

Mit diesem Buch lade ich dich ein, ungeahnte Möglichkeiten für neue reiche Lebensansätze kennenzulernen. Außergewöhnliche und alltägliche Fakten findest du hier praxisorientiert und kompakt zusammengefasst.

Anhand der Geschichten von sechs Freundinnen erfährst du, wie wichtig es ist, Freude am Umgang mit deinem Geld zu erhalten. Dann geht's leichter als gedacht.

Sicherlich packt auch dich – so wie die Protagonistinnen in diesem Buch – die Leidenschaft für das Geld. Begib dich mit uns auf diese wundervolle Reise.

Warum Frauen sich intensiv mit Geld beschäftigen sollten

Dieses Buch habe ich vor allen Dingen für Frauen geschrieben, die zur sogenannten *Best Ager*-Generation gehören sowie auch für deren Töchter. Ich möchte Frauen ab 50 Mut machen, noch einmal so richtig durchzustarten. Gerade im zweiten Lebensabschnitt findet sich die Zeit, endlich die eigene Berufung zu leben.

Wenn es auf die Rente zugeht, träumen viele Frauen von einem Leben in Freiheit, von Reisen und von Freizeit. Manche kümmern sich liebevoll um ihre Enkel, andere wollen die Welt zu einem besseren Ort machen.

Unser Planet braucht lebenserfahrene Frauen, die engagiert unsere Gesellschaft hin zu mehr Menschlichkeit mit umgestalten und selbst davon profitieren.

Leben ist Veränderung. Egal welches Ziel du als Frau hast: Mein Buch hilft, Entscheidungen für diesen Lebensabschnitt zu treffen und deine Finanzen darauf abzustimmen.

Ich zeige an den Lebensgeschichten von sechs Frauen auf, dass jede Frau es hier und heute schaffen kann, durch ein bewusstes Leben und die entsprechenden finanziellen Entscheidungen das gewünschte Lebensziel zu erreichen.

Ich selbst wurde Finanzberaterin, weil ich in einer Krise am eigenen Leib spürte, was es heißt, von anderen abhängig zu sein und keine Perspektive für die Zukunft zu haben.

Mit meiner eigenen Geschichte möchte ich Frauen Mut machen und aufzeigen, dass keine Situation zu schwierig ist, um eine Änderung zum Guten herbeiführen zu können.

Wie dieses Buch entstand und was ich damit erreichen möchte

Über 20 Jahre lang arbeitete ich als Expertin für Finanzen mit Herz und Fachberaterin für Nachhaltiges Investment. Doch dann wurde mir der organisatorische Aufwand meiner Beratungsfirma zu groß. Schweren Herzens gab ich meine langjährigen Kunden in andere Hände ab und schloss meine Firma.

Schon seit vielen Jahren hatte ich mich gefragt:

Wie kann ich anderen helfen?

- Mit meiner Geschichte
- Mit meinen Erfahrungen
- Mit meiner Expertise
- Mit meiner Menschenliebe

So kam ich auf die Idee, mich mit 65 Jahren, statt in Rente zu gehen, neu zu positionieren und als Finanzcoach Frauen zu unterstützen, die ihre Finanzen und damit ihr Leben selbstständig in die Hand nehmen wollen.

Dazu gehörte eine Menge Mut, denn der sogenannte Ruhestand wäre ja viel bequemer gewesen. Zugleich verspürte ich immer öfter den Wunsch, dieses Buch für dich zu schreiben.

Genau wie der Gedanke an eine neue Betätigung, hatte die Idee zu diesem Buch schon viele Jahre in mir geschlummert.

Und nun, als ich mich befreit von meiner Firma fühlte, erwachten in mir kreative Kräfte, um all das Neue anzugehen und mein Leben neu auszurichten.

Ich wünsche mir, dass du als Leserin durch die Lektüre dieses Buches Freude mit deinem Geld erfährst, indem du die Möglichkeiten, die es bietet, schätzen lernst.

Warnung

Bitte lies das Buch nicht, falls du

- über Nacht reich werden willst,
- nicht bereit bist, die Verantwortung für dich und dein Geld zu übernehmen,
- nicht bereit bist, deine aktuellen Denk- & Handlungsmuster zu hinterfragen und ggf. zu ändern,
- Geld für Teufelswerk hältst und diese Meinung beibehalten möchtest.

Auf den folgenden Seiten findest du viele Tipps und Anregungen zum Thema Leben und Geld. Meine persönliche Geschichte, meine Lebenserfahrung und mein Finanzwissen machen es zu einem besonderen Schatz.

So findest du in diesem Buch Impulse für deinen weiteren Lebensweg zu diesen Fragen:

- Welche Wünsche und Lebensziele treiben dich heute an?
- Welche Wünsche sollen endlich in Erfüllung gehen?
- Was ist dir jetzt besonders wichtig?
- Was hat das mit Geld zu tun?

Geld bewirkt einen Unterschied im Leben von Frauen

Dein Vermögen offenbart die persönliche Wertschätzung, die du dir selbst gibst und wie du für dich selbst sorgst.

Sobald du beginnst, dich mit dem Thema zu befassen, spürst du, dass deine Finanzen dir ermöglichen, ein unabhängiges und selbstbestimmtes Leben zu führen.

Es steigert dein Selbstbewusstsein, dich aufzumachen und einen Überblick über deinen Finanzhaushalt und über verschiedene Formen nachhaltiger Geldanlagen zu bekommen.

So wird es möglich, dass du durch den ersten wackeligen Start mit der Zeit Profi wirst. Stück um Stück baust du dir dein Vermögen auf, mit dem du dein volles Potential ausleben kannst.

Frauen, die in ihre Kraft gekommen sind, werden ihren eigenen Lebensradius und darüber hinaus ihr Umfeld verändern. Wer möchte nicht ein reiches Leben in Freiheit und Sicherheit führen? Es gibt Lebens- und Finanzgesetze, die dabei helfen, ein Leben in Fülle zu leben.

Geld ist ein Diener

Geld ist ein Diener, der dir dabei hilft, das Leben zu führen, das du dir schon immer gewünscht hast. Keine noch so schwierige Situation kann dich aufhalten, wenn du dich um dich selbst und um dein Geld kümmerst.

Es bringt dir viel Zuversicht, wenn du erkannt hast, dass du dein Kapital gewinnbringend so anlegen kannst, wie es deinen eigenen Bedürfnissen entspricht, ohne die Möglichkeit zukünftiger Generationen zur Befriedigung ihrer Bedürfnisse zu gefährden.

Somit gewinnst du Klarheit, dass dieses nachhaltige Prinzip zwei Dinge verfolgt:

- Erstens: Sorge dafür tragen, bis ins hohe Alter finanziell auf eigenen Beinen zu stehen und nicht finanziell abhängig zu werden, egal was passiert.
- Zweitens: Möglichkeiten finden, das Geld in umwelt- und sozialverträgliche Anlageformen zu investieren.

In Zeiten des Klimawandels ist es mir ein Herzensanliegen, dich von nachhaltigen Geldanlagen zu überzeugen. Meiner Meinung nach ist Geld ein großer Hebel zur Lösung unserer globalen Probleme wie Krieg, Klimawandel, Hunger, Bildungmangel und soziale Ungerechtigkeit.

Je bewusster du deinen eigenen Weg und den deiner Finanzen gehst, desto erfolgreicher verläuft dein weiteres Leben. Mit neuen Denk- und Lösungsansätzen kannst du selbstbestimmt bis zum Lebensende deine kostbare Lebenszeit unbeschwert genießen.

Es liegt ein wunderbarer Lebensabschnitt vor dir.

Jetzt hast du Zeit, endlich Zeit für die wesentlichen Dinge, die dich antreiben und die du schon immer angehen wolltest.

Das hält dich jung!

Geld gibt dir die Freiheit, ein gutes Leben zu leben und andere Menschen zu unterstützen.

MEINE GESCHICHTE

Meine Kindheit in der Wirtschaftswunderzeit

Im Oktober 1955 erblickte ich als heiß ersehntes erstes Kind meiner Eltern das Licht der Welt. Mein Vater war von den Irrungen und Wirrungen des Zweiten Weltkriegs in seiner Seele gefangen. 1939 war er in den Krieg gezogen und zehn Jahre später aus der russischen Gefangenschaft zurückgekommen.

Er sprach nie viel über die schlimmen Ereignisse dieser Jahre. Auf seinem Totenbett mit fast 80 Jahren war er sehr dankbar, dass er noch so ein langes Leben hatte leben dürfen. Bei feindlichen Angriffen waren fast alle seine Kameraden in Russland ums Leben gekommen, er aber war zu diesem Zeitpunkt im Krankenstand oder im Heimaturlaub gewesen.

Er hatte sich von der Ideologie Adolf Hitlers beeindrucken lassen. Sein Vater als gestrenger Oberlehrer hatte sein erwachendes Streben nach jugendlicher Freiheit eingeschränkt. Die Hitlerjugend gab ihm Frohsinn und Leichtigkeit. So war er aufrgund dieser Beeinflussung ins offene Messer gelaufen. Seine Mutter hatte ihm nach seinen Aussagen eine „Watsche" gegeben, nachdem er sich freiwillig mit 17 Jahren zum Kriegsdienst gemeldet hatte.

Als er völlig abgemagert aus der Gefangenschaft entlassen war, begab er sich zuerst zurück in seine Heimat, die thüringische Rhön. Seine Tante und sein Onkel fragten bald darauf an, ob er deren Häuschen in einer unterfränkischen Kleinstadt übernehmen wolle. Sie hatten keine Erben. Er nahm ihr Angebot an und ging dann auf Brautschau. Die Tante wollte eine Frau für ihn, die das Herz für einen großen Garten hatte und die auch mit anpacken würde, wenn es um die spätere Pflege der beiden Senioren ginge. So beendete mein Vater das Verhältnis zu seiner großen Liebe aus der Stadt und heiratete 1952 meine Mutter. Sie kam aus einer bäuerlichen Gastwirtschaft im nahegelegenen Dorf und war sehr in meinen Vater verliebt.

Heute ist mir klar, dass der zweite Weltkrieg große Auswirkungen auf mein Leben hat. Diese Erkenntnis hilft mir, meine Vergangenheit anzusehen, anzunehmen und meinen Eltern zu verzeihen. Mein Vater hatte keine Chance bekommen, seine Erlebnisse aus dem Krieg und der Gefangenschaft aufzuarbeiten. So kannte ich ihn nicht anders, als dass er sich introvertiert, meist sogar stumm verhielt und sich emotional nicht auf mich und meine Geschwister einstellen konnte. Er konnte keine Liebe und Zuneigung zeigen. Um seine Familie durchzubringen, schlug er das Angebot einer Ausbildung aus. Stattdessen wurde er Arbeiter in der Großindustrie der Großstadt. Tagtäglich „am Band" sorgte er für den Unterhalt der inzwischen auf drei Kinder angewachsenen Familie.

Treuer Versorger zu sein war seine Vorstellung vom Leben. Ab und zu träumte er von einer Existenz als selbstständiger Imbissbudenbesitzer. Das blieb sein Traum. Die höchste Priorität für meine Eltern war, keine Schulden zu machen und jeden Monat einen festen Lohn auf dem Konto zu haben. Dabei sparten sie noch und investierten dieses Geld nach und nach in ihr Haus.

Meine Mutter hatte in ihrem Dorf den Krieg nicht in seiner Grausamkeit erlebt. Das Zusammenleben in ihrer Ursprungsfamilie verlief emotionslos nach strengen Regeln. In den Ferien wurde ich als Große oft zu meinen Großeltern geschickt. Die Welt dort war für mich eigenartig. Männliche Gäste ihrer Kneipe machten komische Bemerkungen, die ich nicht deuten konnte und die mich vor lauter Scham verängstigten. Als 15-jähriges Mädchen lange Haare zu haben, war dort fast so etwas wie Unzucht. Meine Großeltern verkauften Süßigkeiten, die ich tagtäglich auf der Theke in einem Schaukasten sehen durfte, ohne etwas davon zu bekommen. Die Versuchung war groß, mir aus ihrem Lager etwas zu stibitzen. Ich spüre noch heute die verbale Strafe und Ablehnung, wenn sie es herausgefunden hätten. Ein mir neuartiges Getränk, die Cola, erhielt meine volle Aufmerksamkeit. Geheimnisumwittert faszinierte mich diese unbekannte Limonade. So gerne hätte ich probiert, was es damit auf sich hatte. Doch mein Opa meinte, dass das nichts für mich wäre. Ich dachte, es ist seltsam, dass die anderen die Cola dann so erstrebenswert fanden.

Meine Mutter war eine gute Haushälterin und ging voll in ihrer Rolle als Hausfrau und Mutter auf. Mein Vater war der Meinung, dass seine Frau nicht arbeiten sollte. Zu dieser Zeit fügten sich viele Frauen ihrem Schicksal und ergriffen ihre Chancen, um sich etwas dazu zu verdienen. Bei meiner Mutter war das eine kleine Versicherungsagentur und ihr Reich als Beraterin einer amerikanischen Schönheitsfirma. Zahlreiche Prämierungen stärkten sie. Das hatte sie auch nötig, denn mein Vater war ihr in seinen unerfüllten Träumen nicht treu geblieben. Er hatte sich in amouröse Abenteuer verstrickt, um sich von seinem nicht gelebten Leben abzulenken.

So wurde ich recht bald zu ihrer Beichtschwester. Ihre damalige Aussage habe ich noch im Ohr: „Wo soll ich denn hin mit meinen drei Kindern?" Sie war wirtschaftlich komplett abhängig von ihrem Mann. Eine Frau durfte bis in die 1970er Jahre hinein kein Sparkonto ohne Einverständnis ihres Ehemanns eröffnen. Sie bekam Haushaltsgeld von ihm und verstand es, gut damit zu wirtschaften. So hielt sie immer Ausschau nach Sonderangeboten. Kein Weg war ihr zu weit, zu Fuß oder mit dem Fahrrad. Einen Führerschein hatte sie nie gemacht. Mit mir fuhr sie einmal im Jahr mit dem Bus in die Stadt, um „5-DM-Röcke" zu kaufen. Im Vergleich zu anderen Mädchen in meiner Klasse schämte ich mich oft. Kein Wunder, woher hätte ich den Selbstwert nehmen sollen. So fühlte ich mich in meiner Klasse immer als fünftes Rad am Wagen und litt sehr darunter. Zudem empfand ich mich als langweilig und nicht liebenswert.

In der Wirtschaftswunderzeit schaute man darauf, dass es uns in der Zukunft besser gehen würde. Die vorherrschenden Werte waren altdeutsch: Disziplin, Folgsamkeit, angepasst und fleißig sein und dazu immer lächeln. Als ich ein Instrument lernen wollte, hieß es, dass ich das für mein Leben nicht bräuchte. Trotz Schulempfehlung wurde mir das Gymnasium verwehrt, weil ich ja als Mädchen sowieso bald heiraten würde. Das tat ich dann mit 20 Jahren brav, mit dem Realschulabschluss in der Tasche und als Angestellte im öffentlichen Dienst.

Der 1960er Lebensstil zog in unser Haus ein. Die schönen alten Möbel von Tante und Onkel wurden nach deren Tod zerhackt, um mit Quelle-Design zu glänzen. Ende der 1960er Jahre kam ein Fernsehgerät ins Haus. Damit war die Familie dann vollends abgelenkt von sich selbst und den Themen des Alltags.

Als Teeny begehrte ich dagegen auf. Parolen wie „solange du die Beine unter meinen Tisch stellst" oder „beim Essen sind alle Familienmitglieder am Tisch" duldete ich äußerlich, doch innerlich konnte ich sie kaum ertragen. Eine Rebellin wuchs heran. In dieser Zeit hatte ich nicht die Courage auszuscheren. Die Zukunft erschien mir trostlos.

Auf Fragen wie „was ist meine Berufung" und „was möchte ich beruflich machen" konnte ich nicht antworten, da verspürte ich eine komplette Blockade. Mit 17 Jahren bekam ich die Chance auf eine Beamtenlaufbahn im Fernmeldeamt in Nürnberg. Über eine Stunde von zu Hause entfernt, das war eine große Versuchung. Und dazu noch eine sichere Anstellung. Ein Mädchenwohnheim meines

Arbeitgebers bot die nötige Sicherheit, um nicht im Dschungel der Großstadt unterzugehen. War es die Einsamkeit oder war mir die Arbeit zu eintönig? Das weiß ich heute nicht mehr.

Nach einem guten Jahr verabschiedete ich mich von dort und zog nach kurzem Aufenthalt bei meinen Eltern mit 18 Jahren in eine eigene Wohnung in Würzburg ein. Was für ein Gefühl von Freiheit! Eine neue abwechslungsreiche Anstellung und eigenes Geld, mit dem ich gut wirtschaften konnte. Ein blauer VW Käfer beflügelte meine neu gewonnene Unabhängigkeit zusätzlich. Meine Sehnsüchte, sicher in Freiheit zu leben, waren kurzfristig befriedigt.

Meine Unsicherheit und Ängstlichkeit gaben mir jedoch mit der Zeit das Gefühl, alleine nicht vollkommen zu sein. Beim Besuch eines Weinfestes in meiner Heimatstadt lernte ich 1974 meinen zukünftigen Mann kennen. Er zog ziemlich schnell bei mir ein, weil er so in der Nähe der Uni wohnen konnte.

Bei seinem Antrittsbesuch fragten meine Eltern, ob er denn in der Lage wäre, eine Familie zu gründen. Darauf antwortete er, dass er einen Schallplattenspieler hätte und 100 Schallplatten. Mir gefiel seine lockere Art, mit Geld umzugehen. In meiner Familie war Geld immer geprägt von dem Gedanken, dass wir nicht genug hatten. Mein Mann war der Meinung, er könne aus dem Vollen schöpfen. Die Bank hatte ja genug Geld. Unsere erste große Anschaffung war ein neues VW-Käfer-Cabrio auf Pump, und so ging es weiter.

War es Glück? War es Liebe? Wenn ich zurückdenke, spüre ich, dass ich solcher tiefen Gefühle gar nicht fähig war. Mein Mann hatte eine schwere Kindheit gehabt, ebenfalls von den elterlichen Kriegserlebnissen beeinflusst. Wir waren wie ferngesteuert und von den Eltern geprägt, und doch in vollkommener Rebellion gegen das, was uns mitgegeben worden war.

Meinen Mann wählte ich, weil er meinem Vater ähnlich war. Mit einem Partner, der Zuneigung zeigte und einer Frau Geborgenheit gab, konnte ich nichts anfangen. Ich heiratete ihn als Student mit der Aussicht, Bauingenieur zu werden, und verband damit die Garantie auf ein sicheres Leben. Sein Studium hatte er mit einem Stipendium der Bahn absolviert, somit verpflichtete er sich, Bahnbeamter zu werden.

Als Beamter hatte er jeden Monat erneut sicheres Geld auf dem Konto. Der Dispo wurde als sein vermeintliches Eigentum voll ausgeschöpft. Also warum sich sorgen? Aufkeimende eheliche Probleme verdrängte ich meist, die Familienplanung stand im Vordergrund. Als Angestellte wurde es mir alle zwei bis drei Jahre langweilig, und so eignete ich mir in verschiedenen Fachbereichen viel Berufspraxis an. Gute Zeugnisse und zufriedene Arbeitgeber taten meinem Selbstwert kurzfristig gut.

Weltuntergangsstimmung

In den ersten sechs Jahren unserer Ehe standen wunderschöne Reisen im Vordergrund. Das verband uns lange. Im Alter von 25 reifte in mir der Kinderwunsch heran. Bei meinem Mann kristallisierte sich zu diesem Zeitpunkt heraus, dass er die Verantwortung nicht tragen wollte. Vielleicht ahnte er schon, was uns bevorstand?

Doch 1981 wurde unser erster Sohn geboren. Was für eine Freude. Nun durfte ich für mein Kind sorgen und als Hausfrau und Mutter voll erblühen. Ich schenkte meinem Sohn sehr viel Zuneigung und verwöhnte ihn, wie meine Mutter meinte. Ihm und meinen zwei weiteren Söhnen konnte ich geben, was ich als Kind vermisst hatte. Meinen Eltern war es fremd, dass man Kinder lange stillte, sie im Tragetuch nah bei sich hatte, sie nicht grundlos weinen ließ und ihnen ihre Angst vor der Dunkelheit nahm.

Anfang der 1980er Jahre zogen in Deutschland schwarze Wolken auf: Das Waldsterben, politische Fehlentscheidungen, heftiger Widerstand gegen den rasanten Aufbau von Atomkraftwerken, die amerikanischen Pershings mit drohendem Krieg brachten Weltuntergangsstimmung in mein Leben. Und das als junge Mutter. Die Ziele der Grünen versprachen mir die größte politische Wirksamkeit bei diesen Themen, und so sympathisierte ich mit deren Gründungsmitgliedern, die damals gerade Fuß fassten. Ich wollte nicht zusehen, wie unsere Welt dem Untergang geweiht war. Ich wollte meinen Teil dazu beitragen, meinen Kindern ihre Zukunft zu erhalten.

1984 kam zu unserer Freude unser zweiter Sohn zur Welt. Wir hatten uns ein schönes Zuhause geschaffen. Am Ortsrand eines netten Städtchens im Remstal konnten die Jungs Kinder sein und die Natur tagtäglich erobern. Wir und unser ebenso bewusst denkender Freundeskreis waren geschockt, als 1986 die radioaktive Wolke aus Tschernobyl auf uns niederging. Niemand wusste, wie es weitergehen würde. Die Lebensmittel des Wochenmarktes wiesen fortan nicht nur die Preisauszeichnungen, sondern auch die Becquerelwerte aus. Wir wussten nicht, welche Bedeutung das alles für unser Leben haben würde und ob die Kinder noch im Sandkasten spielen könnten. Sicherheitshalber tauschten wir den Sand aus. So apokalyptisch dies alles schien, das Leben ging weiter.

Unsere zwei Jungs spielten mit den Töchtern unserer Freunde. Wir unternahmen sehr viel miteinander. Ihr täglicher Weg zum Waldorfkindergarten führte über herrliche Streuobstwiesen. In Hausnähe konnten sie am Bach spielen und die Natur erkunden.

1989 wurde uns unser dritter Sohn geschenkt. Seine Geburt symbolisierte unsere Hoffnung und unseren Glauben auf ein gutes und bewusstes Leben. Wir lebten immer nachhaltiger, obwohl es das Wort damals noch gar nicht gab. In Leinenkleidern und Birkenstocksandalen kaufte ich regional beim Bauern oder im Bioladen ein, um leckeres, vegetarisches und vollwertiges Essen zu zaubern. Wir sammelten zusammen Müll, gingen nach Ostfriesland in den Urlaub, um einem Bauern bei der Ernte zu helfen. Die Kinder durften im Heu liegend die Fuhre mit nach Hause bringen. Wir halfen bei der Kartoffelernte, gingen in den Stall, um unseren Kindern zu zeigen, woher die Lebensmittel kamen und wie sie produziert wurden.

Als unser dritter Sohn zwei Jahre alt war, hatte mein Mann die Erkenntnis, dass er kein geborener Beamter war. Er strebte eine Selbstständigkeit als Bauingenieur an. Ein Studienkollege gab ihm die Möglichkeit, in sein Statikbüro mit einzusteigen. Er hatte so viele Aufträge, dass das Büro eine zweite Familie ernähren konnte. Diese Veränderung war verführerisch, weil wir mit diesem Schritt aus der teuren Stuttgarter Gegend in die unterfränkische Heimat zurückziehen konnten.

Ohne jeden Zweifel stimmte ich dem Wechsel in ein neues Leben zu. Ich wollte meinem Mann nicht weiterhin das Korsett des ungeliebten Beamtenstatus auferlegen, nur um in Sicherheit leben zu können. Ich war mir seiner Tüchtigkeit, wie auch seiner hohen Intelligenz sicher. In dem Moment, als er die Entlassungsurkunde in den Händen hielt, hatte er allerdings sein sicheres Fundament unter den Füßen verloren, auf das er sein Leben aufgebaut hatte. Genau wie ich war er geprägt von Sicherheitsdenken und Rebellion. Diese Kombination war nicht gerade gesund. Und so führte ihn diese Unsicherheit in einen Nervenzusammenbruch. Es geschah, als wir sozusagen auf gepackten Koffern saßen. Unser Haus war schon weitervermietet. Es war ungewiss, ob wir uns das neue Zuhause nach dem Wegfall des sicheren Einkommens meines Mannes noch leisten konnten. Also vollzog ich dank des großen Verständnisses der Verkäuferin den Rücktritt aus dem Kaufvorvertrag.

Wir waren damit vollkommen heimatlos. Unsere Wahl fiel in dieser Situation auf den geplanten Umzug nach Franken, jedoch ohne das geplante Haus. Aber wohin jetzt? Kurzfristig konnten wir ein Zimmer bei meiner Schwiegermutter beziehen. Über Weihnachten 1991 zogen wir wie Herbergssuchende in ein Gästehaus in der Rhön, um dort mit netten Menschen das Fest der Liebe zu feiern. Dort konnten wir wieder Kraft tanken. Unsere Familien wollten und konnten uns nicht unterstützen. Wir waren ja quasi selbst schuld an der Situation. Sie hatten nie verstanden, warum man seinen sicheren Beamtenjob kündigt. Auch waren ihnen unsere Jungs zu anstrengend. Irgendwie hatten wir trotzdem die Kraft, jeden einzelnen Tag zu leben.

Mein Mann war entlassener Beamter, somit waren wir als Familie nicht im Sozialversicherungssystem und hatten keinen Anspruch auf Arbeitslosenversicherung. Die Ärztin in der Klinik prophezeite mir, dass mein Mann nie mehr in seinem Beruf würde arbeiten können. Ich weiß bis heute nicht, wie ich diese Zeit der Ungewissheit überstanden habe. Es war viel Papierkrieg zu bewältigen. Zudem wusste ich nicht, wie ich unsere Lebensmittel bezahlen sollte. Wir hatten ja nie vorgesorgt. Beim Tanken blieb mir des Öfteren fast mein Herz stehen, wenn ich nicht wusste, ob meine EC-Karte noch funktionierte oder ob sie eingezogen wurde.

Nebenbei musste ich für die Kinder stark sein. In der Schule gab es immer mehr Herausforderungen. Wir mussten die Freizeit in Unterfranken mehr als zuvor gestalten, weil das soziale Umfeld ein anderes war. Unser Freundeskreis fehlte mir sehr.

Die Kinder spielten nicht automatisch im Freien wie in unserer vorherigen Wahlheimat. Der schöne Schlossgarten erschien den Müttern aufgrund der Zeckengefahr als zu gefährlich für ihre Kinder. Es war auch die Zeit der aufkommenden Nintendo-Spiele. Die Klassenkameraden kamen fast nur zum Fußballspielen aus ihren Höhlen. Wir waren aufgrund unserer Situation und unserer ökologischen Lebensweise Fremdkörper in der alten neuen Heimat. Unsere drei Jungs bekamen kaum Süßigkeiten, keine Limos und kein Weißmehlgebäck. Das war schon wegen ihrer auffallenden Aktivität wichtig, denn eine Medikamentengabe wollte ich auf jeden Fall verhindern.

Als Mutter von drei kleinen Kindern wurde ich zur Löwin. Auch hatte ich immer Engel an meiner Seite, die mir ein gutes Wort zusprachen und an mich glaubten. Stück um Stück konnten wir unsere größten Ängste loslassen und glaubten fest daran, dass es einen Weg geben würde. Und dieser Weg kam. Mein Mann hatte nach längerem Klinikaufenthalt von einem Bauunternehmer aus seinem Bekanntenkreis die Möglichkeit bekommen, als Bauingenieur bei ihm im Unternehmen einzusteigen. Somit waren wir wieder krankenversichert und hatten ein Familieneinkommen. Ich verdiente mit Zeitungsaustragen und später mit Codieren im Frachtzentrum Geld dazu. In dieser Situation wäre ich auch Putzen gegangen. Egal, Hauptsache, wir würden überleben.

Lebenskrise als Chance

Mit der Anstellung meines Mannes war die Existenzangst eingedämmt und ich begann, über unsere Lage nachzudenken. Mir wurde klar, in welch eine Abhängigkeit ich mich begeben hatte. Damals entstand die Idee in mir, anderen Frauen davon zu berichten, nicht in diese Falle zu tappen. Ich dachte über mein Leben nach und spürte den Wunsch, mir eine berufliche Tätigkeit zu kreieren, die mich wirklich ausfüllte und bei der ich meine Talente einbringen konnte. Zudem wollte ich mich jetzt selbst finanziell gut absichern. Als Angestellte auf niedrigem Niveau zu leben und immer am Existenzminimum zu knabbern, das war für mich keine Option. Noch schlimmer wäre es für mich gewesen, Sozialhilfe in

Anspruch nehmen zu müssen. Dies wäre ein schlechtes Vorbild für meine Kinder gewesen. Ich wollte etwas aus meinem Leben machen und eine Spur hinterlassen. Dazu war für mich klar, dass ich Menschen helfen wollte, ein besseres Leben zu leben. So fügten sich die Dinge zusammen.

Ich war schon immer neugierig auf Menschen gewesen und liebte es, mich mit interessanten Persönlichkeiten zu umgeben. So konnte ich mir vorstellen, meinen Wunsch, Vorträge zur finanziellen Freiheit für Frauen zu halten, mit dem Geldverdienen in diesem Berufsfeld zu verbinden. Gesagt, getan. Nach ein paar Gehversuchen im Finanzbereich fand ich heraus, dass das nicht ohne eine fundierte Ausbildung gehen könnte. Ich wollte keine „halbseidenen" Geschäfte machen und Menschen mit geschickter Rhetorik Versicherungen und Geldanlagen verkaufen, indem ich ihnen Hoffnung auf eine bessere Zukunft machte oder den Teufel an die Wand malte.

So hatte beispielsweise eine schöne Zeitungsanzeige verführerisch um Mitarbeit geworben, bei der man als Mutter helfen konnte, anderen Familien eine bessere Zukunft aufzubauen. Es wurde sogar ein Auto gestellt. Die Aufgabe war, bei gerade entbundenen Frauen ohne Termin anzuklingeln und ihnen zu erzählen, man käme von der Kinderfürsorge. Der Plan war, diesen Frauen mit dem Prinzip Hoffnung auf ein besseres Leben einen Sparplan für ihre Kinder zu verkaufen. Wer möchte nicht, dass es seinem Kind einmal besser geht? Ich ging probeweise mit auf die Reise und stellte fest, dass das gar nichts für mich war.

Zwei weitere Male erlebte ich bei Vorstellungsgesprächen das hässliche Gesicht der Finanzdienstleistung. Mir war auch klar, dass ich in dieser Branche nicht in irgendwelche Abhängigkeiten kommen durfte. In der Finanzdienstleistung wird einem nichts geschenkt. Und so dauerte es noch ein paar Jahre, bis meine Entwicklung in dieser Richtung weiterging.

Unsere Ehe war nach der Krankheit meines Mannes sehr schwer zu ertragen. Eine Persönlichkeitsveränderung sorgte dafür, dass er immer ungeduldiger wurde, manchmal verzweifelt und manchmal cholerisch. Für mich war klar, dass ich einmal Ja gesagt hatte und es kein Davonlaufen gab. Durch eine längere Ehetherapie bekam ich Hoffnung auf Besserung. Solange wir im Dialog blieben, wollte ich an der Ehe festhalten. Beruflich gab es bei ihm immer wieder Veränderungen. Nach einem Berufswechsel in eine besser dotierte Stelle wurde er aufgrund längerer Krankheitsperioden entlassen. So machte er sich als Onlineberater selbstständig. Bereits seit 1981 faszinierte ihn sein Apple-Computer. Die IT-Welt ersetzte seine sozialen Kontakte. Seine Kunden, Handwerker und Gewerbetreibende, sollten von seinen praktischen Erfahrungen profitieren. Seine Bemühungen waren allerdings nicht von Erfolg gekrönt, da er seinen Auftraggebern keine Empathie entgegenbrachte.

Immer mehr fiel ich in die alte Existenzangst zurück. Ohnmacht und Angst waren meine ständigen Wegbegleiter. Und doch konnte und wollte ich mich nicht trennen, weil ich Respekt vor dem Weg alleine mit den Kindern hatte. Als mein Mann dann jedoch aus der Ehetherapie entlassen wurde, weil es keinen Sinn mehr machte, standen für mich die Zeichen auf Handeln. Wir besprachen die Trennung, dann ging es ganz schnell. 1998 zog er in eine kleine Wohnung um, und fortan war ich alleinerziehend. Da er sich seit der Geburt der Kinder wenig um sie gekümmert hatte, gab es wegen ihnen nie Auseinandersetzungen. Ich war froh, dass es bei uns nach längeren schwierigen Zeiten so leicht ging. Allerdings erhielt ich aufgrund seines Gesundheitszustands von ihm wenig bis keinen Unterhalt.

Voller Dankbarkeit schaue ich auf die Entwicklung meiner drei Söhne. Sie konnten trotz schulischer Anfangsschwierigkeiten alle drei studieren. Was die Schule anbelangt, so könnte ich einen Roman schreiben. Die massiven Probleme in der Familie hatten natürlich bei den Kindern Spuren hinterlassen. In der Schule erfuhren sie Ablehnung von Lehrern und Mitschülern, weil sie nicht in eine gewisse Spur passten. Bei einem der drei diagnostizierte ein Schulpsychologe nach einem Test, dass wir Glück hätten, wenn er die Hauptschule schaffte. Ein anderer sollte auf die Sonderschule abgeschoben werden. Ich möchte alle Eltern ermutigen, zu ihren Kindern zu stehen. Alle drei bestanden trotz dieser ngeativen Bewertungen ein gutes Abitur. Nicht weil ich es wollte. Sie entschieden sich selbst dafür.

Mein mittlerer Sohn schlug mir mal vor, ein Erziehungsbuch zu schreiben. Ich entgegnete ihm, dass ich gar keine Zeit und keine Kraft gehabt hätte, sie zu erziehen. Es hatte sie gerettet, dass ich an sie glaubte und ihnen alles zutraute. Ich konnte sie nicht zum Lernen tragen. Sie mussten es selbst tun. Später gingen sie in ihren Ferien arbeiten und sahen, wie hart man für sein Geld arbeiten muss, wenn man keine Ausbildung hat. Das half ihnen, sich ein Ziel zu setzen. Und so planten sie ihre Zukunft, sobald sie wussten, wofür sie das taten.

Was ich noch Positives berichten kann: Die Jungs erhielten in ihren jungen Jahren ein gutes Fundament. Sie lieben Menschen, sind freundlich, schützen unsere Umwelt, werfen keine Lebensmittel weg, kochen frisch und leben bewusst. Sie haben Augen für Menschen, denen es nicht so gut geht. Für Obdachlose gibt's mal eine Münze, mal etwas zu essen oder ein gutes Wort. Sie versuchen, die Welt zu einem besseren Ort zu machen. Das ist für mich das Schönste. Wir sind seither alle vier auf unserem ganz persönlichen Weg. Ihr Vater wohnt alleine, und sie kümmern sich um ihn. Das finde ich auch wichtig für alle Beteiligten.

Solange die Jungs noch zu Hause waren, war der Alltag eine einzige Herausforderung. Drei ständig hungrige Mäuler zu stopfen war eine Riesenaufgabe für mich. Körbeweise schaffte ich das Futter herbei. Ich koche sehr gerne, kreativ und lecker. Doch damals stand ich sprichwörtlich zwischen den Töpfen.

Auf der einen Seite war mein Büro zu Hause und ich nutzte jede Minute, um vorwärts zu kommen. Da brannte schon manchmal etwas an oder schmeckte nicht so. Ein wöchentlicher Speiseplan auf unserer Magnettafel beschrieb die damalige Ernährung: Montag Spaghetti mit Sahnesoße, Dienstag Nudeln mit Tomatensauce, Mittwoch Tagliatelle mit Spinat, Donnerstag Maultauschen in der Brühe, Freitag Tortellini in weißer Soße, Samstag Ravioli aus der Dose, Sonntag Nudelauflauf. Abwechslungsreiche Nudelwoche aus der Schnellküche nenne ich so was.

Heute amüsieren sich die Jungs noch über meine 3-in-1 Suppe: Resteverwertung von Maultaschen, Nudeln und Flädle. Und wenn ich an die Wäsche denke: In den Wäschebergen ließ der Sockengeist regelmäßig einzelne Socken verschwinden. Wäsche zusammenlegen war nicht mein Hobby, geschweige denn Bügeln. Doch wir schafften es immer wieder, unseren Alltag zu meistern, auch finanziell. Wir gingen ganz selten Essen. Das war immer etwas ganz Besonderes. Unsere Abmachung bei diesen schönen Ausnahmen war, dass jeder nur ein Getränk bestellen durfte, um die Kosten im Zaum zu halten. Die drei haben das bis heute beibehalten. Sie sind sogenannte Frugalisten, d. h. sie verdienen gutes Geld, das sie durch gute Planung rentierlich anlegen. So erwirtschaften sie sich trotz vieler Reisen in fremde Länder ihre finanzielle Unabhängigkeit.

Ein Neuanfang

Wie durch ein Wunder fand ich Anfang des neuen Jahrtausends in einem Jobportal ein ethisches Finanzinstitut. Die Anzeige lautete in etwa:

„Ganzheitliches und werteorientiertes Finanzhaus, das sich am christlichen Menschenbild orientiert, sucht Beraterinnen und Berater. Möchten auch Sie individuell und ergebnisoffen beraten und sich eine Existenz aufbauen?“

Ja, das war es. Ich stellte mich dort vor und bewarb mich für eine Ausbildung in der hauseigenen Akademie. Nach einer Art Assessmentcenter traute man mir zu, dass ich das Zeug hatte, mich neben all den studierten Bänkern und anderen Akademikern zu einer erfolgreichen Finanzberaterin zu entwickeln.

Jetzt wurde es richtig wild. 2002 unterzeichnete ich den Vertrag, obwohl ich damals den Dispo mit 10.000 Euro ausgereizt hatte. Mir stand das Wasser bis zum Hals. Meine Söhne meinten, ich sollte mir doch lieber eine geregelte Ganztagsangestelltentätigkeit suchen. Wenn jeden Monat das Geld aufs Konto kommt, weiß man, was man hat. Ich wusste aber, dass dieses sichere Geld viel zu wenig wäre und zu viel Zeit binden würde. Zudem wollte ich in keine Abhängigkeit geraten, denn ich wollte mein Leben frei nach meinen Werten gestalten. So machte ich mich 2002 als unabhängige Finanzberaterin selbstständig. Mir ist heute noch ein Rätsel, was mir die Kraft für die parallel laufende Ausbildung, meine Kundengespräche, meine Halbtagstätigkeit und meine Kinder gab.

In diesen Jahren war ich mindestens zweimal im Monat für einige Tage in der hessischen Großstadt, um in der Akademie alles über Finanzen zu lernen. Nebenher musste ich Geld verdienen. Halbtags kümmerte ich mich um das Büro eines Küchenstudios. So war ich sozialversichert. Das Konzept dieses Finanzhauses sah vor, dass man teamorientiert arbeitete. So wollte ich bei einem Kundentermin erst wissen, wie der Kunde tickte. Dann arbeitete ich mit ihm zusammen seine finanziellen Wünsche und Ziele heraus. Diese Informationen waren wichtig für die wöchentlichen Teamsitzungen. Mit meinen Beraterkollegen arbeitete ich ein Finanzkonzept für die Kunden aus und bereitete entsprechende Umsetzungen vor. Mit diesen Vorbereitungen ging ich dann zu meinen Kunden und konnte nach kurzer Zeit ansehnliche Umsätze tätigen. Das machte mir Spaß und ich hatte die Energie dafür, weil ich spürte, dass dies mein Ding war.

Meine Kunden bekamen nie zu spüren, dass ich finanziell in der Klemme war. Ich beriet sie so, als ob ich schon in finanzieller Freiheit lebte. Meine Ansicht war und ist, dass das Einkommen fließt, sobald ich die Arbeit tue und es ernst und ehrlich mit meinen Klienten meine. Falls nicht von dem einen Kunden, dann von einem anderen. Seit dieser Zeit bildete ich mich ständig weiter und schloss mehrere Ausbildungen ab. In mir war der Knoten geplatzt. Heute habe ich keine Prüfungsangst mehr, wie ich sie in meinen jungen Jahren hatte.

In mir war ein Feuer entbrannt. Ich hatte endlich erkannt, was in mir steckt und wozu ich fähig bin. Manches machte ich einfach, ohne zu warten, bis es perfekt war. Meine Leidenschaft, Frauen in finanziellen Dingen Mut zu machen und ihnen Finanzwissen mit an die Seite zu geben, setzte ich in Vorträgen um, lange bevor ich innerlich dazu bereit war. Ich musste es einfach tun.

Die größten Schritte schaffte ich, wenn ich durch meine vielen Ängste gegangen war. Vor meinen Auftritten konnte ich mindestens drei Tage nicht schlafen. Damals gab es noch Overheadprojektoren. Meine armen Zuhörerinnen mussten es ertragen, dass ich eine Folie nach der anderen auflegte. Diese Folien waren regelrecht mein Halt. Doch von Mal zu Mal wurde ich mutiger, ruhiger und besser.

Der Zweifel kommt heute noch als Stimme hoch und versucht, an meinem Selbstwert zu nagen. Doch er kann mich nicht abhalten, weiterzugehen. Ich komme immer mehr in mein Vertrauen. So viel habe ich seither erlebt. Ich weiß, dass es das Leben gut mit mir meint. Die Präsentationen meiner Vorträge stellte ich vor einigen Jahren auf Powerpoint um. Sie sind informativ, erreichen die Menschen jedoch nicht in der Seele. In der Zukunft möchte ich von Herz zu Herz sprechen und bin auf dem besten Weg dahin.

Manchmal überschritt ich meine physischen Grenzen. Dann musste ich mir für ein paar Tage Ruhe gönnen. Mit einem guten Businessplan und täglicher, wöchentlicher, monatlicher und jährlicher Zeitplanung wurde ich stetig erfolgreicher. Meine Vernetzungsfreude nutzte ich, um in Würzburg Unternehmerevents zum Thema „Mit Wertschätzung zu Wertschöpfung" auszurichten. So konnte ich mir in der Stadt einen Namen machen, und die Kundenakquise wurde somit einfacher.

Meine Klienten schätzen, dass sie mir vertrauen können und dass ich zuverlässig bin. Ich liebe meine Arbeit und möchte die Finanzdienstleistung umgestalten. Die Tätigkeit der Finanzberaterin ist superwichtig und dient den Menschen, ein Leben in Freiheit und Sicherheit zu führen. Meine Arbeit war und ist sinnerfüllend, denn ich meine es ernst und helfe, die finanziellen Belange für die Menschen so zu planen, dass es ein reiches und wertvolles Leben auf allen Ebenen ermöglicht.

In den Finanzverträgen meiner Kunden finde ich in der Regel viele Stolpersteine, die mit der Zeit zu ernsthaften Problemen führen könnten. Detektivische Kleinarbeit und visionäre Zukunftsplanung sind meine Lieblingsthemen, hin zu mehr finanzieller Freiheit für meine Klienten.

Nach einigen Jahren harter Arbeit hatte ich mich finanziell freigeschwommen. Natürlich hatte ich für die in der Zukunft zu bezahlende Steuer immer brav Geld zurückgelegt. Doch was ich nicht bedacht hatte: Ich war im Minus gestartet und musste als Alleinerziehende die Haushaltskosten für meine drei Jungs aufbringen. Also konnte ich gar nicht so viel Geld für die Steuern zurücklegen, wie ich dann auf einen Schlag zahlen musste.

So kam es, dass mich eine Steuernachzahlung mit gleichzeitiger Vorauszahlung voll erwischte. Ich hatte damals die Hälfte der vom Finanzamt geforderten Summe zusammen. Die andere Hälfte durfte ich dem Finanzamt monatlich abstottern. So hatte ich nach all den Jahren mit vollem Einsatz nun doppelt so viel Schulden wie zu Beginn meiner Gründung.

Diese knallharte Wahrheit kostete mich fast meine Existenz. Ich musste mich wieder aus einem tiefen Tal befreien. Mein fester Wille half mir dann letztendlich. Mir war klar, dass alles umsonst gewesen wäre, wenn ich jetzt aufgegeben hätte. Und als wenn das Schicksal mich doppelt prüfen wollte, kam an dem Tag, als der Steuerbescheid im Briefkasten lag, noch ein Einbruch im Haus hinzu. Einbrecher hatten mein Hab und Gut durchwühlt, was ich als schlimmen Eingriff in meine Privatsphäre empfand.

Zu dieser Zeit wohnten meine Jungs nicht mehr bei mir. Zwei standen schon im Berufsleben, der Jüngste war 2009 ausgezogen, um zu studieren. Für mich war das der Lauf der Zeit und ganz normal. Doch mit der Zeit merkte ich, was es mit mir machte. Eine Traurigkeit hatte mich überfallen, und ich verspürte den Drang, die Lücke durch Geschäftigkeit zu füllen und auszublenden, dass das Haus nun leer war. Keine laute Musik mehr, keine Streitereien, keine Gespräche, keine gemeinsamen Abende …

Dieser Umstand führte zu dem Ergebnis, dass ich das Haus aufgeben wollte, es war zu groß geworden. Seit 2002 war mein Büro hier gewesen, oben auf einer Doppelgarage. Das benötigte ich jetzt nicht mehr, denn ich hatte 2010 schon mein Würzburger Büro eröffnet, das ich bis Ende 2018 benutzte.

Ich wünschte mir nun eine Wohnung in Würzburg. Doch als Landei fand ich nichts Passendes. Auf dem Land war ich näher an der Natur und konnte großzügiger wohnen. So zog ich im Ort in eine schöne Drei-Zimmer-Wohnung und nahm die Anfahrt in Kauf.

Zu der Zeit hatte mich meine Arbeit voll in Beschlag genommen. Es war auch niemand da, der mich davon hätte abhalten können. Ich erhielt die Anerkennung und die Wertschätzung, die ich mir immer gewünscht hatte. Meine Kunden vertrauten mir, was gab es Schöneres.

Immer mehr Menschen fanden auf Empfehlung den Weg zu mir. Mein Kundenstamm war inzwischen kräftig angewachsen und hielt mich auf Trab. Ständig kamen Neukunden dazu. Ich blühte richtig auf, denn es bereitete mir Freude, Überblick in die Finanzen zu bringen und für die Klienten Geld in nachhaltige Anlagen zu investieren. Und so tat ich nicht nur für meine Kunden etwas Gutes, sondern auch für mich. Ich konnte einen guten wirtschaftlichen Hintergrund für mein Alter schaffen.

Nach einiger Zeit zogen wiederum dunkle Wolken auf. Bei immer größer werdenden gesetzlichen Regularien wuchsen die administrativen Anforderungen von Jahr zu Jahr. Meine Kostenanalyse zeigte mir, dass ich mir zur Entlastung keine Ganztagskraft leisten konnte, sondern mich auf meine Halbtagskraft beschränken musste. So blieb mir nichts anderes übrig, als täglich mindestens 10 bis 12 Stunden zu arbeiten und das Wochenende auch als Arbeitszeit zu nutzen. Schleichend verlor ich meine Lebensfreude. Mein Nachtschlaf verschlechterte sich.

In dieser Zeit geschah etwas Wunderbares. Ich durfte eine andere Lebensperspektive kennenlernen, die ich bisher nicht kannte. Mein zweiter Mann lief mir über den Weg. Plötzlich stand er vor mir. Er kam unerwartet erwartet in mein Leben. Nach einer Buchlesung mit einer Autorin, die empfohlen hatte, sich seinen zukünftigen Partner in allen Einzelheiten zu wünschen, hatte ich etwa ein Jahr vor unserem Kennenlernen meine Vision von einem Lebenspartner bis ins kleinste Detail beschrieben. Nicht zu glauben, es bestätigte sich: Er besaß alle Attribute, die ich mir gewünscht hatte. Und er verstand mich in meiner Selbstständigkeit, weil er selbst einmal selbstständig gewesen war.

Als wir uns kennenlernten, war er angestellt. Er hatte von Beginn an Zeit und Freude, mich von meiner Arbeit abzuhalten, ohne mir etwas aufzuzwingen. Wir unternahmen viel miteinander. Das Gefühl, angekommen zu sein und es auszuhalten, Geborgenheit zu erfahren, war für mich mit Mitte 50 ein riesiges Geschenk. Seither veränderte ich mich und mein Leben sukzessive – ganz ohne Druck.

Wahrscheinlich hätte ich es nicht verkraftet, aus meinem Hamsterrad von heute auf morgen auszusteigen. Und so zogen wir schon nach einem halben Jahr zusammen.

Die Anfahrtszeit zu meinem Büro war nun auf eine Stunde für die einfache Strecke gestiegen. Tägliches Fahren kam also nicht in Frage. So bestand mein Leben aus zwei Puzzlestücken: Am Wochenende war ich zu Hause und von Dienstag bis Donnerstag/Freitag arbeitete ich im Würzburger Büro.

Natürlich nahm ich mir für das Wochenende immer wieder einen Berg Arbeit mit nach Hause. Stück um Stück brachte mich mein Mann sanft dazu, dass ich mir ab und zu einen Tag frei nahm.

Der Kauf eines Wohnmobils als gemeinsamer Traum war dann eine neue Perspektive, unsere Freizeit zu genießen. Die Krönung unseres Glücks war unsere Hochzeit nach drei Jahren Partnerschaft.

Jahr um Jahr spürte ich, dass ich in meinem Tempo nicht weiterpowern konnte. Doch mein Ehrgeiz trieb mich voran. Jetzt war ich auf der Erfolgsleiter, genau da, wo ich hinwollte. Nach all den Jahren des Aufbaus hatte ich meine finanzielle Unabhängigkeit erreicht. Ein sehr, sehr gutes Gefühl. Mit meinem großen Partnernetzwerk konnte ich vielen Menschen behilflich sein, ein besseres Leben zu führen. Warum sollte ich das aufgeben? Wie sollte ein Ausstieg aussehen? Die Fragen kamen immer öfter.

Anfang 2018 spürte ich plötzlich, dass es Zeit wurde, etwas zu verändern. Die europäische Datenschutzgrundverordnung (DSGVO) gab mir den letzten Ruck, um zu verstehen, dass diese Mehrbelastung für mich nicht mehr zu schaffen war.

Zudem war es schon seit jeher meine Vision, solange zu arbeiten, wie ich gesund bin und es Freude macht, meine Lebens- und Finanzerfahrung an Frauen weiterzugeben. Ich möchte gesund 100 werden und mindestens bis 80 im Flow arbeiten. Ich liebe Menschen und möchte die Gesellschaft verändern. Mich in der Rente im Kreis zu drehen und mich nur um Krankheiten zu kümmern, das ist nicht meins. Im dritten Lebensabschnitt kann ich der Gesellschaft so viel zurückgeben. Sie braucht es heute mehr denn je.

Diese Vision gab mir die Entscheidungskraft, mein Büro und meine treuen Kunden in jüngere Hände zu geben. Ohne diesen Break wäre ich vielleicht noch maximal ein Jahr fähig gewesen, weiter zu powern. Doch das wäre es dann gewesen. Mit einem gesundheitlichen Tiefschlag hätte ich mir meine Vision aus dem Kopf schlagen können. So kam es dann, dass ich Ende 2018 mein Würzburger Büro schloss.

Nun warten neue Aufgaben auf mich. Dieses Buch ist ein Teil davon. Außerdem möchte ich meine Vortragstätigkeit ausweiten und ein Coachingunternehmen aufbauen, um so immer mehr Frauen mit meiner Botschaft zu erreichen. Es ist so wichtig, dass Frauen sich selbst wertschätzen und ihr Leben finanziell in die Hand nehmen.

Durch meine Geschichte möchte ich meinen Geschlechtspartnerinnen Mut machen, zu starten und sich ihres Geldes anzunehmen. Wenn man erst einmal angefangen hat, macht es Freude, in die eigene Kraft zu kommen. In vielen Gesprächen habe ich herausgefunden, dass es die Angst ist, die Frauen daran hindert. Frau könnte etwas falsch machen, frau könnte Geld verlieren. Und was habe ich dazu zu sagen: „Angst essen Seele auf" (Heinrich Böll). Jedes Risiko ist beherrschbar, wenn man es einordnen kann und der Angst ins Gesicht sieht.

Ich habe mich oft gefragt, was die Gamechanger-Momente in meinem Leben waren. Da gibt es viele, kleine und große. Doch einer, der alles veränderte, war der Tag vor ungefähr 20 Jahren, als ich mir zum ersten Mal das Recht herausnahm, mein Leben schriftlich so zu formulieren, wie ich es leben wollte. Damals war ich voller Zweifel und gleichzeitig frustriert genug, um dem Niederschreiben eine Chance zu geben.

Ja, wir haben die Wahl und können unsere Absicht auf das Gewünschte richten.

Natürlich bietet das Leben weiterhin viele überraschende Wendungen, doch du kannst die generelle Richtung signifikant beeinflussen.

Du bist eine Schöpferin.

Sei es dir wert.

Es ist DEIN Leben.

Fazit

Beim Niederschreiben meiner Geschichte habe ich erkannt: Zeit meines Lebens habe ich Anerkennung und Sicherheit im Außen gesucht. Als junge Frau war mir Sicherheit das Wichtigste. Und so verlor ich meine Freiheit.

Heute weiß ich: Wenn ich mich selbst anerkenne und wertschätze, erhalte ich die Sicherheit und Freiheit, die ich im Leben brauche, um meine Berufung zu leben. Was würde ich heute anders machen? Ich würde aus meinem Inneren heraus mit Freude arbeiten, ohne getrieben und ängstlich zu sein. Vertrauen in das Leben trägt! Und was ich kann, das kannst du auch. Auch du kannst aus deinem Leben ein Meisterwerk machen.

Ich wünsche dir ein Leben in Wertschätzung für dich selbst – mit viel Mut für die Zukunft, die vor dir liegt. Dieses Buch habe ich für dich geschrieben.

Die Krise in meinem Leben hat mir gezeigt, wie wichtig es ist, als Frau eigene Wege zu gehen, um in einer sorgenfreien Zukunft frei sein zu können. Das macht frei und stark. Geld ist und bleibt ein guter Diener für ein wunderbares Leben in Freiheit und Freude! Pack es an!

EIN WOCHENENDE MIT ALTEN FREUNDINNEN

Ich liebe Menschen und ich liebe es, Zeit mit interessanten Frauen zu verbringen. Denn echte Begegnungen geben mir Impulse für mein weiteres Leben und Inspiration für meine berufliche Arbeit. Zudem kann ich andere mit meiner Lebens- und Finanzerfahrung inspirieren und ihnen weiterhelfen. Die Finanzwelt ist heute so komplex. Es macht mir Freude, Frauen aufzuzeigen, wie sie mit Leichtigkeit ihr Geld in die Hand nehmen können, um ihren Lebensweg damit in eine positive Richtung zu lenken.

In einer ruhigen Minute kam mir die Idee, einige mit mir befreundete Frauen zu fragen, ob sie sich ein Netzwerktreffen an einem schönen Ort vorstellen könnten. Sofort kamen mir einige Namen in den Sinn: Frauen, die ich gerne wiedersehen und mit denen der Austausch mir enorme Freude bereiten würde: Jutta, Angelika, Katharina, Sylvia und Monika. Vor allen Dingen interessierte es mich, wie ihr Leben seit unserem letzten Treffen vor fünf Jahren verlaufen war.

Schwuppdiwupp, das Projekt erblickte somit das Licht der Welt. Für eine Einladung benötigte ich eine schöne Location, mir fiel sofort ein Landgut im Steigerwald ein. Es hat das gewisse Etwas, das uns während unseres Treffens ein Gefühl von Luxus geben würde, verbunden mit schlichter Eleganz. Eine Auszeit aus unserem Alltag, Ruhe zum Entspannen, kulinarische Freuden zum Verwöhnen und Wellness für Körper, Geist und Seele sollen es sein.

Soll ich mir eine Tagesplanung ausdenken und diese vorschlagen? Ich beschließe, gemeinsam vor Ort zu entscheiden, wie viel Freiraum wir uns lassen und wann wir uns zu gemeinsamen Gesprächen treffen wollen. Wir haben uns sicherlich viel zu erzählen. Von der einen oder anderen habe ich in der Zwischenzeit seit unserem letzten Meeting Mails erhalten oder wir haben telefoniert. Der mit Arbeit voll ausgefüllte Alltag hatte es jedoch nicht zugelassen, dass wir uns in letzter Zeit näher hätten austauschen können.

Meine Gedanken schweifen ab und ich denke an Katharina. Wie es ihr nun nach ihrer Scheidung und dem Ausstieg aus dem familiengeführten Unternehmen geht? Oder Angelika? Zuletzt hatte ich vor einem Jahr von ihr gehört, dass sie sich nebenberuflich als Coach selbstständig gemacht hatte. Sylvia ist mit ganzem Herzen mit ihrem Buchprojekt dabei, die Menschen auf die Verwundbarkeit unseres wunderschönen Planeten aufmerksam zu machen. Das habe ich auf Facebook mitbekommen.

Ja, Facebook. Hier laufen die Drähte zusammen. Auch von Jutta habe ich da gelesen, dass sie dabei ist, einen Vertrieb mit Gesundheitsprodukten aufzubauen. Von Monika erreichte mich die traurige Nachricht, dass ihr Mann bei einem Flugzeugabsturz ums Leben gekommen war. Oh, wie bereichernd wäre es, mehr am Leben dieser Powerfrauen teilzuhaben. Ich bastle an der Formulierung für eine Einladung, die entsprechend lockt, damit sich die vielbeschäftigen Frauen Zeit für eine Auszeit nehmen.

Und so schreibe ich: „Hallo Mädels, Lust auf eine Auszeit zu sechst? Ich würde mich freuen, wenn wir uns im Landhotel Schwarzer Schwan in Ilmbach, im schönen Steigerwald, vom 10.-13. Oktober für ein Wochenende treffen würden. Näheres bei Zusage."

Nun ist der Wunsch auf ein Treffen und die Neugierde jeder Einzelnen gefragt. Als wenn die Freundinnen darauf gewartet hätten, kommen die Zusagen schneller als gedacht in meine Mailbox geflattert. Volltreffer, alle fünf sind dabei. Es gibt von ihrer Seite aus jede Menge Fragen zu beantworten und natürlich auch Vorbereitungen für mich. Doch das wird sich alles finden. Eines ist auf jeden Fall gewiss: Langeweile wird es keine geben.

Die Zeit rückt näher. Ich mache mir weitere Gedanken über unser Wochenende. Es soll viel Platz für Spontanes bleiben, doch ein paar Fixpunkte tun uns sicher gut, damit wir uns nicht im Plauschen verlieren und das eine oder andere für unsere Zukunft mitnehmen können. Gesagt, getan. Ich sehe unserem Meeting erwartungsvoll entgegen.

Auf der Fahrt in den wunderschönen herbstlichen Steigerwald mit herrlich verträumter Landschaft, in der man meint, die Zeit sei stehengeblieben, denke ich an unser letztes Treffen vor fünf Jahren. Meine Freundinnen befanden sich alle in einem Veränderungsprozess in der Lebensmitte. Jutta war gerade in die Insolvenz ihres Unternehmens involviert und hatte den Kopf nicht frei. Katharinas Mann hatte einen schweren Unfall und man wusste nicht, ob er wieder gesund würde. Angelikas Tag war voll mit journalistischen Tätigkeiten, so dass sie kaum Zeit für ihr Privatleben hatte. Sylvia absolvierte eine Ausbildung nach der anderen und Monika leitete mit ihrem Mann einen Handwerksbetrieb mit 200 Arbeitskräften.

Meine Gedanken schweifen weiter. Für unseren Gruppenprozess könnten wir uns das Thema „Aus der Lebensmitte aktiv in die Zukunft" vornehmen. Wir sind alle sechs in diesem reifen und schönen Alter. Nun geht's darum, dass wir unsere nächsten 40 bis 50 Jahre gestalten. Landläufig strebt man mit Mitte 50 die Rente an und zählt die Jahre bis dahin. Oft wird versäumt, das weitere Leben, dass man heute locker und leicht bis 100 planen kann, als Geschenk anzusehen. Was für eine Tragik. Gerade mit der Lebenserfahrung und dem beruflichen Knowhow könnten wir uns ein aktives Leben aufbauen, für uns selbst, für unsere Gesellschaft und für unseren Planeten.

Ich möchte die Frauen an unserem Wochenende dafür begeistern, dass sie sich mit mir die Lebensphase 50plus und deren Chancen für unsere Generation, etwas für die Welt und unsere Familien tun zu können, ansehen. Ob sie sich darauf einlassen?

Die Zeit bis zum Wiedersehen geht flugs vorbei und so stehe ich vor der Villa aus dem 19. Jahrhundert, die schlicht und wunderschön renoviert vor mir liegt. Ein Haus zum Verlieben, ganz nach meinem Geschmack. Nichts ist zuviel und alles ist perfekt aufeinander abgestimmt. Die Fenster harmonieren mit der stilvollen Eingangstür.

Die Atmosphäre rund um das Haus lädt zum Verweilen ein. Der Wald beginnt gleich hinter dem Gästehaus, wunderschöne Asternstauden vor dem Haus leuchten von weitem. Das werden zauberhafte Spaziergänge werden, denn herrliches Herbstwetter ist vorausgesagt. Ich sehe uns schon durch den golden gefärbten Herbstwald schlendern.

Beim Einparken sehe ich, dass ich nicht die erste bin. Katharina winkt mir von ihrem schnittigen Cabrio aus zu. Wow, sie sieht unglaublich gut aus. Die letzten anstrengenden Jahre sind spurlos an ihr vorbeigegangen. Wir umarmen uns herzlich und beginnen eine lebhafte Unterhaltung. So bemerken wir gar nicht, dass die Zeit wie im Flug vergeht.

Wir werden von der Hausherrin unterbrochen. Sie möchte mit mir vor dem Eintreffen der anderen Freundinnen das weitere Procedere besprechen. Es ist 12 Uhr mittags. Ein köstlicher Essensduft schwebt durch die Luft. Das Haus ist bekannt für seine gute regionale Küche. Vorfreude auf das Mittagessen kommt durch die schön gedeckten Tische mit Stoffservietten, einem herbstlichen Blumenstrauß und den immer stärker werdenden verführerischen Essensgerüchen aus der Küche auf.

Die organisatorischen Dinge sind schnell besprochen, und so können Katharina und ich auch schon Angelika begrüßen. Chic wie eh und je steht sie, wie aus dem Ei gepellt, etwas aufgelöst vor uns. Auf der weiten Fahrt aus Köln hatte es einige Staus gegeben. Nach einer kurzen Begrüßung möchte sie auf ihr Zimmer gehen. Vielleicht auch, um ihre Traurigkeit aus dem Gesicht zu wischen?

Meine Gedanken werden abrupt unterbrochen, denn Sylvia steigt gerade aus einem Auto aus. Sie ist mit dem Zug von Düsseldorf angereist und hat sich am Bahnhof in Kitzingen ein Taxi genommen. Konsequent setzt sie ihre Lebenseinstellung in ihrem Leben um. Sie möchte, so gut es geht, Co^2 einsparen und hat sich letztes Jahr ihren ökologischen Fußabdruck bestimmen lassen. Sie ist ein absolutes Vorbild für mich. Ich lebe auch nachhaltig, doch nicht so konsequent. Ja, ich liebe gesunde Bio-Ernährung und konsumiere bewusst, doch bei der Fortbewegung im Verkehr fällt mir ökologisch bewusstes Verhalten noch schwer. Immer mehr nutze ich meine Bahncard 25, doch ab und zu lockt mein Auto, das direkt vor der Tür steht. Sylvia strahlt in ihrem einfarbigen Leinenkleid über ihr ganzes Gesicht. Wie schön ist es, auch sie wiederzusehen.

Jutta und Barbara sind trotz weiter Anreise ebenso pünktlich. Jetzt sind wir komplett und nehmen am Mittagstisch Platz. Wir vertiefen uns in unser Gespräch und stellen einmütig fest, dass wir uns überhaupt nicht verändert haben. Die Hotelchefin kommt mit einem Sektkübel in der einen und einer frisch gekühlten Flasche Franken-Secco in der anderen Hand. Ganz klar, unsere Freundschaft muss gefeiert werden. Wir heben die Gläser und stoßen miteinander auf unser Wiedersehen an. Und dann beginnen wir mit unserem köstlichen Mahl.

Das Gespräch bricht keine Sekunde ab. Wir unterhalten uns kreuz und quer über den Tisch und nach rechts und links mit unseren Tischnachbarinnen. Es gibt so viel nachzuholen.

Sylvia, die Neugierigste in unserer Runde, ruft Monika zu: „Sag mal, wie ist es dir nach dem Tod deines Mannes gegangen? Es ist doch nun schon vier Jahre her.“

Monikas Geschichte

Monika beginnt: „Ihr wisst doch, dass ich das florierende elterliche Unternehmen mit meinem Mann erfolgreich weitergeführt hatte. Uns ging es richtig gut mitten im Aufschwung der Baubranche. Unsere 200 Arbeiter waren voll beschäftigt. Unsere drei Töchter wuchsen in dieses System mit hinein.

Wie ihr wisst, war mein Mann Hobbypilot und hatte ein eigenes einmotoriges Flugzeug. Mit unseren Mädchen verbrachten wir fast jedes Wochenende auf dem Flugplatz, um in seiner Nähe zu sein und so wenigstens in unserer geringen Freizeit gemeinsame Stunden zu verbringen. An einem Sonntag im Sommer 2016 passierte es dann: Herbert stürzte ab und kam ums Leben.

Meine persönliche Trauer musste ich hintenanstellen, da ich für die Mädchen da sein musste. Sie brauchten Hilfe, ihre Trauer zu überwinden. Der Ärger mit den Banken ließ nicht lange auf sich warten. Mir wurden Kreditlinien gekündigt, Darlehen nicht verlängert, und ich bekam keine neuen. Die Bank berief sich darauf, dass ich keine offizielle Unternehmervollmacht hatte, um das Unternehmen weiterführen zu können. In Deutschland ist es bei der Rechtsform einer GmbH so, dass alle Geschäftsführer voll geschäftsfähig oder eben die Nachfolger im Besitz so einer Unternehmervollmacht sein müssen.

Mein Mann hatte in den erfolgreichen Jahren für unseren Ruhestand gesorgt. Das alles stand plötzlich im Feuer. Ich wusste nicht, wie es weitergehen sollte und konnte nur von Tag zu Tag leben.“

Plötzlich ist es ganz still im Raum. Wir hören alle gespannt zu und können uns gerade gar nicht vorstellen, wie man eine solche Situation persönlich und wirtschaftlich überstehen und gleichzeitig eine schützende Mutter für die Kinder sein kann. In den Bann gezogen lauschen wir weiter.

„Es kam, wie es kommen musste: Die Insolvenz war nicht zu verhindern. Die Banken ließen nicht locker. Trotz guter Auftragslage musste ich aufgeben. Für meine Eltern, die die Firma aufgebaut hatten, brach eine Welt zusammen, ihr Lebenswerk ging verloren. Von ihnen bekam ich Vorwürfe und Ratschläge, was alles hätte besser laufen können. Ich kämpfte wie eine Löwin für meine Kinder, so dass wir nach und nach wieder festen Boden unter den Füssen fanden. Alleine hätte ich es nicht geschafft. Ich suchte mir professionelle Hilfe. Stück um Stück wurde mir das Dilemma klar. Es war ein Schicksalsschlag, ein schwerer Schlag, wie er jedem im Leben passieren kann. Wie Erich Kästner schon gesagt hatte:

Sind wir mal ehrlich, das Leben ist immer lebensgefährlich.

Im Coaching durfte ich erkennen, dass ich mein Bestes gegeben hatte. Das gab mir die Kraft, mit der Bank einen Deal auszuhandeln. Und so konnte wie durch ein Wunder unser Einfamilienhaus gerettet werden. Jetzt stehen wir wenigstens nicht ohne Zuhause da. Wenn ihr mich fragt, was ich hätte besser machen können, denke ich jedoch immer noch, dass ich die Insolvenz hätte abwenden müssen. Ich habe auch noch extreme Wut, wenn ich an die Banker denke.

Wenn wir schon bei den Gefühlen sind: Ich war als Nachfolgerin in das Familienunternehmen hineingewachsen. Das Unternehmen hatte mich voll in Beschlag genommen. Die privaten Finanzen machte mein Mann. Auch mit einem Unternehmen im Rücken oder mit einem Partner an der Seite, mit dem man sich sicher fühlt, weiß man nicht, was im Leben passieren kann, das einen die Existenz kostet. Als Konsequenz habe ich vor kurzem meine Generalvollmachten erstellt, so dass meine Töchter im Falle meiner Geschäftsunfähigkeit als Bevollmächtigte für mich handeln können. Diese Urkunde hätte mir im Falle des tödlichen Unfalls meines Mannes viel Kummer erspart.

Wie heißt es so schön, im Nachhinein ist man klüger. Seither halte ich in unserem Mittelstandsverband Vorträge für Unternehmerfrauen mit dem Titel *Lieber gut in guten Zeiten wichtige Dinge klären*. Da ich aus Erfahrung spreche, nehmen die Zuhörerinnen die Inhalte ernst. Ich habe mir für dieses Jahr vorgenommen, eine Vermögens- und Ruhestandsplanung zu machen, so dass ich meine Vorsorgelücken kenne und nach der Insolvenz loslegen kann, diese zu füllen. Das ist absolutes Neuland für mich. Ich bereue heute, dass ich meinem Mann damals bei der Vermögensplanung nicht über die Schulter geschaut habe. Ich habe keine Ahnung, wer mir dabei helfen kann, denn irgendwie habe ich den Eindruck, dass die Berater es auf mein Geld abgesehen haben, und es ihnen darüber hinaus egal ist, wie es mir persönlich in der Zukunft ergeht."

Das ist natürlich Wasser auf meinen Mühlen. „Ja", sage ich, „in der Partnerschaft sollte man regelmäßig gemeinsam auf die Finanzen schauen. Die finanzielle Planung sollte aus MEIN, DEIN und UNSER bestehen. Bei einer Finanzberatung sollten möglichst beide Partner am Tisch sitzen und in das Konzept einbezogen werden. Wird in guten Zeiten richtig geplant, erspart es nicht die Trauer, doch es ermöglicht einen gewissen Schutz vor wirtschaftlichen Problemen.

Man kann sich nicht vor allem schützen, jedoch eine Menge dafür tun, dass man danach so weiterleben kann, wie man es für sich wünscht – egal was passiert. Und es ist so einfach. Es braucht nur die Courage, sich mit der Thematik zu beschäftigen.

Und du, liebe Monika, willst das Thema Vermögens- und Ruhestandsplanung angehen. Gratulation! Wir können uns gerne weiter dazu unterhalten. Ruf mich gerne dazu an. Und was machst du heute beruflich?" „Da meine Töchter für ihr Studium ausgezogen sind, kann ich meiner beruflichen Leidenschaft wieder voll nachgehen. Ich bin noch in der Privatinsolvenz, da ich mit meinen privaten Finanzen bei der Bank gebürgt habe. Wer rechnet denn schon mit so einem Schicksalsschlag? Diese Privatinsolvenz dauert noch ein Jahr. Danach erfolgt die sogenannte Restschuldbefreiung. Ich stehe also kurz davor, wieder frei zu sein. Mädels, dann lade ich euch zu einer fulminanten Party ein.

Was mache ich heute beruflich? Nach einigem Hin und Her in Aushilfsjobs bin ich nun als Assistentin der Geschäftsleitung in einem befreundeten Unternehmen tätig. Das ist für mich nicht einfach, da ich das Unternehmergen habe. Mir ist es schon langweilig, und das Betriebsklima lässt zu wünschen übrig. Doch momentan ist es für mich das Beste. Seit unserem letzten Telefonat, liebe Claudia, ist mir bewusst geworden, dass ich schon längst für meine persönliche finanzielle Freiheit hätte sorgen sollen. Meine Erkenntnis aus unserem Gespräch: Je länger ich Zeit zum Sparen habe, desto weniger Geld benötige ich für ein Vermögen. Ich konnte meine Töchter überzeugen, monatlich von ihrem Einkommen im Studienjob eine kleine Sparrate abzuzwacken." „Wie hast du das geschafft?", fällt ihr Jutta ins Wort. „Tja, ihr kennt sicher noch den Zinseszins-Effekt aus der Schule. Wenn man diesen mit offenen Augen betrachtet, leuchtet auch einem jungen Menschen ein, dass es vorteilhaft ist, so bald wie möglich zu beginnen. Diese Einsicht ist ein Segen für die familiäre Zukunft meiner Töchter. Ich kann ihnen nichts mit auf den Weg geben, so leid es mir tut."

Die anderen lauschen und nicken verständnisvoll mit dem Kopf. Monika spricht Jutta an: „Wie war es bei dir? Du hast doch mit deiner Firma auch Insolvenz anmelden müssen?"

Juttas Geschichte

„Ja, du hast recht, liebe Monika. Mein Lebensweg ist geschäftlich ähnlich dem deinigen. Mir blieb es erspart, meinen Mann zu Grabe zu tragen, dafür standen wir kurz vor einer Trennung. Ich übernahm zusammen mit meiner Schwester die Unternehmensnachfolge im elterlichen Maschinenbauunternehmen. Mein Partner stieg als Ingenieur mit ein, wurde allerdings von der Familie und den leitenden Angestellten nie richtig akzeptiert. Das griff seinen Selbstwert stark an.

Wir lebten uns in all den geschäftigen Jahren auseinander und wie durch ein Wunder kamen wir kürzlich nach langer Zeit wieder ins Gespräch. Wir wollen es, auch zum Wohle unserer beiden Töchter, noch einmal miteinander probieren. Mein Partner ist heute in einem anderen Unternehmen angestellt. Ich baue mir als selbstständige Vertriebspartnerin ein neues Geschäft im Gesundheitsbereich auf. Das ist sehr vielseitig. Ich kann kreativ sein und es füllt mich voll aus." „Ich glaube, wir können darauf noch etwas Champagner vertragen", sage ich.

„Ehrlich gesagt, war schon das Studium der Wirtschaftswissenschaften nicht mein Ding", spricht sie weiter. „Auch als Geschäftsführerin habe ich mich nie wohl gefühlt. In mir war ein Verlangen, direkt mit Menschen zu arbeiten. Mein Tun soll den Menschen dienen, ein gesünderes Leben zu führen. Ohne den wirtschaftlichen Einbruch hätte ich es aus Loyalität meinem Vater gegenüber nicht geschafft, auszusteigen. Vor zwei Jahren begann es im Maschinenbau zu kriseln. Aufgrund von Fehlentscheidungen des Managements kam es zur Insolvenz.

Heute habe ich das erforderliche Selbstbewusstsein und würde auch ohne einen solch schmerzhaften Einschnitt mein Leben freiwillig verändern. Aus Fehlern wird man klug. Jetzt bin ich Mitte

50 und fange nochmal neu an. Meine zwei Töchter bewundern mich und sind voller Freude, dass ihre Eltern weiterhin ein Paar sind. Das ist es, was zählt. Allerdings muss ich mir um meine Finanzen schon noch Sorgen machen. Mein Leben hat mir bisher nicht den Raum gelassen, für mich persönlich vorzusorgen, geschweige denn, mir eine Unabhängigkeit aufzubauen. Das ist schon krass, wenn man bedenkt, dass wir in einer Villa leben und ich ein Luxusleben geführt habe."

„Stopp, liebe Jutta", höre ich mich da rufen. „Sorgen solltest du dir nie machen. Sie ändern gar nichts, sondern ziehen dich nur runter. Jetzt ist es Zeit, Bilanz zu ziehen. Wenn du magst, kann ich für dich eine Strategie ausarbeiten. Doch vorher wäre zu schauen, ob persönliche Blockaden deinen finanziellen Erfolg bisher verhindert haben. Sogenannte Sabotageprogramme können richtig fies sein."

Meine Freundinnen melden sich wie im Chor: „Ja, bitte, lass uns darüber sprechen."

„Jetzt wünsche ich erst einmal guten Appetit", werfe ich ein, denn unsere Vorspeise, eine leckere Kürbissuppe mit Croutons, wird gerade serviert.

„Wunderbar", ertönt es einstimmig. Jetzt geht es Schlag auf Schlag. Der nächste Gang wird aufgetischt: Tagliatelle mit Pfifferlingen und einem Wildkräutersalat. Was begehrt das Herz mehr?

„Wie ist es mit dir, liebe Katharina?", meldet sich Angelika. „Möchtest du als nächste von deinen letzten fünf Jahren erzählen?" „Gerne", schallt es zurück. „Das schaffe ich, bevor die Nachspeise kommt. Womit werden wir denn verwöhnt?" „Mit einem Überraschungsdessert und einem leckeren Kaffee", entgegne ich schelmisch.

Katharinas Geschichte

„Ja, ihr Lieben. Ich komme aus einer großen Landwirtschaft und habe BWL studiert. Schon früh war vorgespurt, dass ich bald heiraten und eine Familie haben würde. Das war in unserer ländlichen Gegend Tradition“, sagt sie salbungsvoll.

„So heiratete ich brav meinen Mann im Alter von 20 Jahren und war fortan Chefin eines großen Kfz-Geschäfts. Mein Mann und ich waren sehr erfolgreich. Wir bauten eine internationale Internetseite auf und konnten somit weltweit diese gefragte Automarke vermarkten. In unserer Region waren wir führend. Außerdem war unsere Ehe von drei wunderbaren Kindern gekrönt.

Meinem Glück stand die missmutige Schwiegermutter im Weg, die mir in meinem Büro gegenüber saß und keinen Tag versäumte, mich zu kritisieren. Nichts war ihr an mir recht. Ich begehrte auch nicht dagegen auf, dass mir trotz vollem Einsatz nur ein geringes Gehalt gezahlt wurde. Der Steuerberater meinte, dass dies die beste Lösung für das Unternehmen wäre.

In der Mittagspause eilte ich täglich nach Hause, um ein komplettes Menü für die Familie zuzubereiten. Mein Mann war es gewohnt, dass die Frau des Hauses jeden Tag groß aufkochte. Er weigerte sich, eine Putzfee anzustellen, und so durfte ich den kompletten Haushalt managen und auch bügeln. Meine Mutter hatte auch Tag und Nacht auf dem Bauernhof geschuftet, und so war es für mich normal, was ich leistete.

Eines Tages bekam ich per Zufall mit, dass mein Mann einer jungen Frau schöne Augen machte. Mir wurde wenig später zugetragen, dass die beiden ein Verhältnis begonnen hatten. Jetzt war der Zeitpunkt gekommen, genau hinzuschauen. Ich konnte und wollte so nicht weiterleben. Nach all den Jahren des Aschenputteldaseins war ich nicht fähig, auf die Bitten meines Mannes einzugehen und es nochmal zu versuchen. Vielleicht hätten wir mit gemeinsamen Gesprächen oder einer Ehetherapie noch eine Chance gehabt.

Jetzt ist es zu spät. Wir sind seit vier Jahren geschieden. Die Kinder fielen damals aus allen Wolken, denn ihre heile Welt war zusammengebrochen. Ich erzähle meine Geschichte jungen Frauen als Warnung. In den letzten Jahren kümmerte ich mich endlich um mich selbst und nahm eine Gesprächstherapie in Anspruch. Mir war klar geworden, dass ich mich selbst zu wenig wertschätzte. Die Alarmglocken sollten klingeln, wenn man jahrelang über seine Kräfte arbeitet und nicht auf das eigene Wohl schaut. Ich bevorzugte es, für alle anderen zu sorgen und vernachlässigte meine eigenen Bedürfnisse. Ich funktionierte einfach wie ein Roboter.

Nach jahrelangen Therapiesitzungen kann ich heute sagen, dass ich das Leben viel mehr genieße. Meine Kinder freuen sich, dass ich wieder gelernt habe, zu lachen und mich des Lebens zu freuen.

Alles ist wunderbar bis auf eine Sache: Das ist meine Altersvorsorge. Bei der Hochzeit unterschrieb ich einen sogenannten *Mägdinnenvertrag*, d. h. im Falle einer Scheidung hätte mein Mann kaum eine Ausgleichszahlung leisten müssen. Ich war eine moderne Sklavin.

Gott sei Dank hatte ich eine gute Rechtsanwältin, die diesen Vertrag vor Gericht für nichtig erklären ließ. So bekam ich dann zwar eine sehr gute Abfindung, doch um die habe ich mich noch gar nicht gekümmert. Das Geld liegt auf der Bank und „verschimmelt“, und ich bin froh, dass ich noch keine „Strafzinsen“ zahle. Keine Ahnung, wie ich das Geld anlegen könnte. Meine Angst, etwas falsch zu machen und Geld zu verlieren, hindert mich, meine Versorgung in Angriff zu nehmen.

Als selbstständige Handelsvertreterin habe ich momentan genau das Einkommen, das ich zum Leben brauche. Jedoch kann ich für später gar nichts zurücklegen. Wie ihr euch denken könnt, habe ich so gut wie keine Rente zu erwarten."

„Danke für deine Ehrlichkeit und dein Vertrauen, liebe Katharina", kann ich da nur sagen. „Wir können demnächst einen Termin vereinbaren und an Lösungen arbeiten, falls du möchtest. Es wäre mir eine Ehre, dich begleiten zu dürfen."

„Ja", sagt Katharina, „das käme mir sehr gelegen, Claudia. Liebe Angelika, ich gebe den Ball weiter, magst du uns auch von dir erzählen?"

Angelikas Geschichte

Angelika beginnt: „Entschuldigt für vorhin, dass ich mich so schnell in mein Zimmer verzogen habe. Ich habe eine traurige Nachricht von einer Freundin erhalten. Die musste ich erst einmal verdauen. Vielleicht erzähle ich euch später davon. Doch nun zu mir: Erinnert ihr euch noch, wie ich vor fünf Jahren erzählte, dass ich froh war, nicht selbstständig zu sein wie ihr?"

„Ja", sagen wir alle einstimmig. „Ich dachte als junge Frau, ich würde in die Großstadt ziehen und dort einen guten Auftraggeber für meine journalistische Tätigkeit finden. Dieser Wunsch wurde mir erfüllt. Doch in dieser Branche hat sich seitdem viel verändert. Wir leben nun mal in einer schnelllebigen Zeit. Wo heute noch alles in Ordnung scheint, kann morgen schon kein Stein mehr auf dem anderen stehen.

Aufgrund von Einsparungen bekam ich von meinem Arbeitgeber keine Gehaltserhöhung, die Miete wurde immer teurer. Zudem trennte sich mein Mann von mir wegen einer Jüngeren, und als Alleinerziehende mit zwei Söhnen lebe ich fortan trotz anspruchsvoller Tätigkeit im Verlagswesen an der Armutsgrenze. Ich bin es gewohnt, mit wenig auszukommen, das kenne ich noch aus meiner Studienzeit.

Doch dieser Zustand ging über meine Kräfte. Meine Jungs wurden größer und besuchten das Gymnasium. Wie selbstverständlich wurde erwartet, dass die beiden am jährlichen Schikurs in den Alpen teilnahmen. Diese Ausgaben rissen mir jedes Jahr eine große Lücke ins Budget. Sie fühlten sich in der Schulgemeinschaft wie Außenseiter, denn sie mussten auf vieles verzichten, was für andere normal war. Im Teenageralter besitzt man noch nicht das Selbstbewusstsein, um darüber zu stehen. Die Mitschüler bemerkten das und mobbten den Jüngeren ständig. Ich sah nur noch Probleme.

Deshalb fasste ich den Entschluss, dass sich etwas ändern müsste. Ich ging in mich und schrieb meine Talente und Werte auf. Wie Schuppen fiel es mir von den Augen, dass es mir schon mein ganzes Leben lang wichtig gewesen war, Menschen zu unterstützen, in ihre Berufung zu kommen. Aber wie kann ich Berufungscoach werden, wenn ich es selbst nicht auf die Reihe kriege?

Da erzählte mir eine Freundin, dass der Schlüssel der persönlichen Bestimmung in der eigenen Vergangenheit liegt. Ich ging tagtäglich zur Arbeit, um Geld zu verdienen und nicht, um meine Berufung zu leben. Ich verlor Jahr um Jahr an Lebensfreude, obwohl ich anfangs nicht deuten konnte, was mir fehlte.

Heute kann ich anderen helfen, das schneller herauszufinden. Damals machte ich mich auf den Weg, um geeignete Coachingausbildungen zu finden. Doch woher sollte ich das Geld dafür nehmen? Stück um Stück sparte ich mir vom Mund ab.

Und dann, nach der Ausbildung, woher bekomme ich die Klienten? Trotz aller Schwierigkeiten blieb ich am Ball und forschte weiter. Schritt um Schritt klärte sich auf, wie alles in die richtige Richtung gehen konnte. Plötzlich standen mir Türen offen. Und voilà, es klappte. Bisher bin ich noch nicht voll selbstständig. Ich arbeite halbtags angestellt und halbtags als freiberuflicher Coach. Meine Erfolge zeigen mir, dass ich es schaffen werde, ganz auf eigenen Beinen zu stehen. Das macht mir Mut und gibt mir Zuversicht. Ich fühle mich auch als Vorbild für meine Kinder.

In der heutigen Zeit ist es enorm wichtig zu wissen, wer man ist und wohin man möchte. Und wisst ihr was? Auch ich habe das Geldthema noch nicht lösen können. Es wird Zeit, oder? Und jetzt bin ich mal gespannt, wie das unsere Sylvia sieht. Wie erging es dir in den letzten Jahren und wo stehst du heute?"

Sylvias Geschichte

„Ich liebe das Leben und unseren wundervollen Planeten", beginnt Sylvia. „Nach meinen beiden Studiengängen war ich auf der Suche nach einer beruflichen Heimat. Die ersten Jahre war ich als wissenschaftliche Mitarbeiterin an der Uni angestellt. Nach einiger Zeit spürte ich, dass dies nicht meinem Lebenssinn entsprach. Mich interessierte die Anatomie und die Gesunderhaltung des menschlichen Körpers. Da die Schulmedizin für mich mehr auf die Heilung von Krankheiten abzielt, ich aber dazu beitragen möchte, Menschen gesund zu erhalten, entschied ich mich für die alternative Medizin und absolvierte zusätzlich eine Heilpraktikerausbildung.

Das ist mein Leben. Ich bin angekommen und habe mich auf klassische Homöopathie spezialisiert. Seitdem staune ich immer mehr, was zwischen Himmel und Erde möglich ist. Ja, und ich lebe alleine und habe so genug Freizeit, um mich meinen Hobbies zu widmen. Ich schreibe und designe gerne. Mit meinem Welt-Wandel-Buch lebe ich meine Begabungen voll aus. Erstens möchte ich damit Menschen inspirieren, mehr auf unseren Planeten zu achten und entsprechend ressourcensparend und trotzdem freudig zu leben, und zweitens ist es mein Wunsch, der Nachwelt etwas zu hinterlassen. Ich habe zwar keine Kinder, trotzdem möchte ich mich für eine enkeltaugliche Welt einsetzen. Mein Traum ist es, unseren Mitmenschen die Erkenntnis zu vermitteln, dass wir eine große Chance haben, den Klimawandel in den Griff zu bekommen, wenn wir alle zusammen helfen. Und das kann ja auch Spaß machen. Es gibt genügend Konzepte und Ideen.

Wisst ihr noch, als wir letztes Jahr die Quarantänezeit wegen Corona hatten? Da war plötzlich alles anders. Der Himmel war frei von Kondensstreifen und auf den Straßen weniger Verkehr. Die Natur hatte sich erholt, die Menschen halfen sich und machten sich Mut. Ein Lächeln oder ein Pläuschchen zeigte, dass wir zusammen die Krise überstehen konnten. Auch die Politik handelte. Die angeordneten Abstandsregeln wurden eingehalten. Das zeigt mir doch, dass alles möglich ist. Was meint ihr?"

Wir bekennen uns auf ihre Frage hin offen dazu, dass der Klimawandel ein großes und verantwortungsvolles Thema gerade für unsere Generation ist. Unsere Meinung ist, dass Kriege, Flucht, Vergiftung der Nahrung, Wasser- und Luftthemen nicht sein müssen. „Eine Sache bewegt mich in letzter Zeit immer öfter", meint sie. „Ich wünsche mir, dass der Reichtum unserer Erde an alle Menschen verteilt wird und dass die Welt heiler wird. Doch was ist mit mir? Wenn ich ehrlich bin, habe ich noch Schulden von meiner Heilpraktikerausbildung.

Geld war mir nie wichtig. Allerdings ist es so, dass ich langsam Ängste entwickle, wie ich mein Leben weiterhin gestalten kann.

Die Mieten werden teurer und teurer, die Lebensmittel auch. Ich habe nie gelernt, den Fokus auf mich zu richten."

„Da haben wir noch ein Thema für die Zukunft", erwidere ich. „Liebe Sylvia, wir Frauen neigen in der Regel dazu, dass wir lieber geben als nehmen. Ich bin gespannt, wie wir uns diesem Thema in diesen Tagen widmen. Doch heute Abend verwöhnen wir uns und geben uns dem Genuss hin. Lasst uns erst einmal anstoßen mit dem Text aus dem Lied von Tim Benzko: *Muss nur noch kurz die Welt retten.* Wir wollen nicht resignieren. Wir leben bewusst und packen an. Durch Sylvia haben wir zwei weitere Themen auf unserem Programm: Die Enkeltauglichkeit unserer Welt und unser eigenes Wohl."

Nun wird das Genuss verheißende Dessert serviert. Ein Hauch von lockerer Mascarpone-Quark-Sahnecreme mit Walnüssen. Mmmhhh, lecker. Ein voller Genuss. Es dauert nicht lange, da fallen die fünf Freundinnen über mich her.

Claudias Geschichte

„He, Claudia, nun erzähl doch mal von dir. Was ist bei dir in den letzten fünf Jahren alles passiert?" „Ehrlich, wollen wir da heute noch drüber sprechen?", frage ich. „Ja, unbedingt", kommt es wie aus der Pistole geschossen.

„Also, okay", starte ich. „Wie ihr wisst, habe ich vor sechs Jahren zum zweiten Mal geheiratet. Ich kann mein Glück kaum fassen, dass wir uns gefunden haben. Ob ihr es glaubt oder nicht. Zwei Jahre vor unserem Kennenlernen visionierte ich genau, wie ich mir meinen zukünftigen Mann wünschte. Und ich vergaß nichts! Und so habe ich nun den besten Mann der Welt. Wir ergänzen uns in unserem Sein. Meine Jungs lieben ihn und er sie.

Seither kommt mein Leben immer mehr ins Gleichgewicht. Wie ihr wisst, war ich früher alleinerziehend und baute mein Finanzmaklerbüro mit viel Ausdauer und eiserner Disziplin auf. Ich kann sehr dankbar sein ob meiner vielen Kunden und deren Vertrauen. Der Lohn meines Engagements ist meine gewünschte Unabhängigkeit.

Bis kurz nach meiner Heirat arbeitete ich Tag und Nacht, meistens auch am Wochenende. Mein Büro und mein Zuhause lagen 100 km auseinander, und so blieb ich unter der Woche in meinem großen Büro, in dem ich mir ein Zimmer einrichtete.

Am Wochenende packte ich wie Rotkäppchen mein Körbchen und nahm mir meine Heimarbeit mit nach Hause. Es bereitete mir riesige Freude, meine Kunden in die finanzielle Unabhängigkeit zu begleiten und auch die unterschiedlichsten Menschen und ihre Geisteshaltung kennenzulernen, zu erfahren, was sie für ein gutes und gelingendes Leben benötigen.

Ich liebe Menschen, so ging ich voll und ganz in meinem Beruf auf; doch mich selbst und mein Privatleben vernachlässigte ich. Die von meinem Mann geforderte Zeit für gemeinsamen Spaziergänge, wunderschöne Urlaube mit unserem neu erstandenen Wohnmobil, gemeinsame Abende zu zweit in gemütlichen Restaurants oder Zeit mit Freunden und meine kreativen Kochkünste waren damals meine Rettung.

In dieser arbeitsreichen Phase hatte ich keine Rituale. Meine Arbeitsdisziplin stand über allem. Keine Morgenroutine, keine Saunabesuche, wenig Zeit zum Bücherlesen, zum Träumen, zum Spielen und zum Lachen. Hamsterrad pur. Zuletzt war mein Schlafrhythmus extrem gestört. Zudem gönnte ich mir abends immer ein bis zwei Gläser Wein, um zu entspannen oder um mir noch etwas Energie zu holen.

Ich wurde von Monat zu Monat immer schlapper und trauriger. Eines Tages fiel es mir wie Schuppen von den Augen. Das geht nicht mehr lange gut, diagnostizierte ich selbst. Da ich gelernt hatte, wichtige Entscheidungen schnell zu treffen, entschied ich im Sommer 2018, mein Büro zum Ende des Jahres in andere Hände zu übergeben. Als ob es sein sollte, wurde die Nachfolge schnell geregelt und ich konnte es zu meinen Konditionen abgeben.

Danach stand mir eine tiefe Trauerzeit ins Haus. Die lieb gewonnen Kunden loszulassen war für mich kein einfaches Unterfangen. Nach und nach erkannte ich jedoch, dass meine Entscheidung richtig war. Es dauerte nochmal fast zwei Jahre, bis ich wieder in meiner Mitte war und Lebensfreude entdecken konnte.

Ein weiterer Grund meines Entschlusses, mein Büro zu veräußern, war die Tatsache, dass ich noch mindestens 20 Jahre arbeiten möchte. Es ist mein Wunsch, meine Lebens- und Finanzerfahrung weiterzugeben und das solange, ich gesund bin und es mir Spaß macht. Mit 65 ist es wirklich an der Zeit, diesen Plan umzusetzen und in ein weniger aufreibendes Tun zu wechseln. Meine Vision ist, die Finanzdienstleistung auf eine zukunftsweisende Art und Weise mit umzugestalten.

Jetzt ist die Zeit gekommen. Ich möchte in Zukunft Frauen Mut machen, ihr Leben und ihre Finanzen so zu gestalten, wie sie es sich von Herzen wünschen und wie es ihnen entspricht. Dafür stehe ich ein. Ich kann sagen, ich bin jetzt angekommen.

Während meiner Lebenskrise Anfang meiner 40er Jahre hatte ich mir fest vorgenommen, Frauen Mut zu machen, ihr finanzielles Leben in die Hand zu nehmen. Ich selbst erfuhr es am eigenen Leib, wie es ist, mit drei kleinen Kindern abhängig vom Mann zu sein. Es macht mir große Freude, Frauen in ihre Unabhängigkeit begleiten zu dürfen. Freude und ein tiefes Glücksgefühl gerade deshalb, weil ich durch mein eigenes Erleben mit meinem Herzen ganz bei der Sache bin. Und da ich auf 20 Jahre Expertise in der Beratung zurückgreifen kann, ist das eine runde Sache. Jetzt könnte ich sagen: Und wenn sie nicht gestorben ist, so lebt sie dann noch heute. Doch wie bei euch gibt es noch sehr viel zu sagen. Ich freue mich auf mehr in den nächsten zwei Tagen."

„Ja, super Claudia", schallt es fröhlich aus allen Ecken. Wir beschließen, erstmal an die frische Luft zu gehen. Das Wetter ist so herrlich, und frische Luft tut uns gut. Unseren Austausch setzen wir während und nach dem Abendessen fort. Es gibt viel über familiäre Ereignisse und persönliche Erlebnisse der letzten fünf Jahre zu berichten. Kurz bevor wir uns zurückziehen, vereinbaren wir, uns um 10:00 Uhr zum Frühstück zu treffen.

Am nächsten Tag nach dem Frühstück beschließen wir unseren ersten Teil der Tagesplanung. Wir nehmen uns zwei Stunden Zeit, über uns und unsere Zukunft zu sprechen. Darauf sind alle schon sehr gespannt, und so sitzen wir pünktlich zusammen.

MEIN HERZENSANLIEGEN: DU BIST DIE GESTALTERIN DEINER ZUKUNFT

Wertschätze dich selbst

Mit meinem Buch möchte ich dazu beitragen, dass du deinen persönlichen Wert erkennst und dich traust, mit neuen Gedanken über deinen Tellerrand zu schauen und Klarheit über deine Potentiale zu bekommen und auszuschöpfen.

Lebe und liebe deine Weiblichkeit und deine ureigensten Werte und Wünsche. Vertraue dem Leben.

Nimm dein Leben selbst in die Hand, indem du dir treu bist. Gib deine Träume für ein selbstwirksames Leben niemals auf und hab den Mut zum Blick nach innen.

Der innere Weg führt dich hin zu mehr persönlicher Wertschätzung. Dann wird der Weg nach außen für dich klarer. Du findest deinen Wert, lernst zu vertrauen und triffst sodann deine Herzensentscheidungen in Bezug auf dein Leben und deine Finanzen.

Ich ermutige dich, deinen bisherigen Lebensweg anzunehmen, so wie er war und ist. Das öffnet neue Türen zur Zukunft. Die Vergangenheit ist vorbei. Nun kannst du in Klarheit und Freude dein persönliches und finanzielles Leben gestalten und Unabhängigkeit erreichen, wie du es dir von Herzen wünscht.

Bist du dir das wert? Schau auf die Geschichte der Freundinnen. Sie setzen sich mit diesem Thema gewinnbringend auseinander.

Weiter geht es mit dem Treffen der Freundinnen

„Wir wollen uns heute über uns und unsere Zukunft austauschen. Ich schlage vor, mit unserer persönlichen Wertschätzung zu beginnen. Ihr werdet staunen, wie viel Klarheit ihr durch diese Ressource über euch und eure Potentiale in eurem Leben gewinnt.

Ich gestehe, dass ich meinen Wert und meine Anerkennung früher im Außen gesucht habe. Erhaltenes Lob, egal ob von Kunden oder meinen Nächsten war nach kurzer Zeit wie von Geisterhand verpufft. Mein Wertschätzungsfass hatte ein Loch. Während ich mich oft frustriert fühlte, stellte ich andere Menschen auf einen Sockel. Das bescherte mir regelmäßig Enttäuschungen. Kennt ihr das auch?“ Wie aus der Pistole geschossen kam es von allen fünf Frauen: „Ja, warum ist das so?“

„In den letzten Jahren habe ich mich auf meinem Weg in meine persönliche Freiheit damit befasst. Wir können unseren Eltern nichts vorwerfen, denn sie haben sicher das Beste gegeben. Sie selbst waren von der Erziehung ihrer Eltern und den geschichtlichen Bedingungen geprägt. Wie erging es euch: Wie oft wurdet ihr von euren Eltern gelobt und wie oft getadelt?

Hattet ihr den Eindruck, dass ihr richtig seid, so wie ihr seid? Konntet ihr mit euren Eltern darüber sprechen? Und wie war es bei euch in der Schule? Wurdet ihr ermutigt, wurden eure Leistungen anerkannt oder bekamt ihr mehr Tadel und viel Rotstift zu sehen? Ihr Lieben, unsere Kindheit steckt noch in uns, in jeder einzelnen Zelle.“

Nachdenklich kam die kopfnickende Zustimmung. „Ja, du hast recht“, meint Katharina. „Was hast du getan, wenn du bisher zu wenig Anerkennung und Wertschätzung für dich persönlich und deine Arbeit erhalten hast?“

Sylvia bringt es auf den Punkt: „Ich kann euch sagen, was ich gemacht habe. Ich habe noch mehr geleistet, mehr gegeben, als erwartet wurde, und ich bin ständig über meine Grenzen gegangen. Neinsagen habe ich nie gelernt!“

Angelika erwidert stolz: „Seit geraumer Zeit befasse ich mich mit mir und meinen Begabungen. Ich lerne sie Stück für Stück kennen. Still und heimlich erhoffe ich mir mehr Wertschätzung für meine Begabungen. Ich spüre eine Art Vakuum. Vielleicht sollte ich ab jetzt selbst für mich sorgen und mir das geben, was ich benötige, um mich wertvoll zu fühlen?“

Ich setze die Unterhaltung fort: „Ja, unbedingt. Wir Frauen dienen gerne, und das ist auch in Ordnung, solange wir in unserer Mitte sind. Die Frage ist: Folgen wir zwanghaft eher den Erwartungen anderer oder nehmen wir uns selbst ernst? Nehmen wir uns Zeit für uns selbst, ohne dabei ein schlechtes Gewissen zu haben? Können wir Wertschätzung aus uns heraus selbst fühlen, oder machen wir sie abhängig von unserem Tun und von der Reaktion der anderen? Viele Fragen … wer von euch glaubt, dass ihr als Person genug seid?“

Katharina meldet sich betroffen zu Wort: „Wow, danke Claudia, dass du das Thema aufgreifst. Das ist es, was mich klein und im Hamsterrad hält. Schon als kleines Kind wurde mir vermittelt, dass ich nicht die Tochter bin, die sich meine Eltern gewünscht hatten. Meine Eltern hielten mir immer wieder andere Mädchen vor, die dies oder das besser machen als ich. Ich hätte alles für ein Lob von ihnen getan. Für meine Eltern galt, dass nicht geschimpft schon genug gelobt ist.

Ich verbog mich, verlor meine Freude am Spielen und zweifelte an mir. Ich verkroch mich in mein Schneckenhaus. In der Schule war ich eine Außenseiterin, weil ich aus Unsicherheit unglaublich schüchtern war. Ich war neidisch auf die anderen, denn ich war das fünfte Rad am Wagen. So setzte ich später meine Energie auf meinen zukünftigen Beruf und führte ein Studium durch, welches praktisch, quadratisch und gut war. Mit Betriebswirtschaft konnte ich nichts falsch machen.

Tief in mir spürte ich, dass ich mit Tieren arbeiten wollte. Nicht wie meine Eltern mit konventioneller Käfighaltung, sondern mit viel Wohlwollen den Tieren gegenüber. Na ja, wie ihr wisst, habe ich dann bald geheiratet und bin im Büro unseres Unternehmens gelandet. Und wenn ich das jetzt so sehe, wie hätte mich meine Schwiegermutter achten können, wenn ich es selbst versäumte, mich wertzuschätzen? Im Gegenteil, wenn sie mich kritisierte, quälte ich mich selbst mit der Frage, was nicht richtig mit mir war und was ich falsch machte. Ich hatte doch alles getan, mehr ging einfach nicht mehr. Mindestens acht Stunden in der Firma, den ganzen Haushalt und drei Kinder versorgen.

Warum wollte sie das nicht sehen? Und mein Ex-Mann? Warum forderte er dies alles von mir ein? Warum stand er mir vor meiner Schwiegermutter nicht bei? Warum bekam ich keine Unterstützung im Haushalt? Warum sah er meine Qualitäten, meinen Fleiß, meine Willensstärke, meine Ausdauer und meine guten Absichten nicht?

Mir geht ein Licht auf! Jetzt verstehe ich, dass ich von anderen nur das erhalte, was ich bereit bin, mir selbst zu geben.

Gebe ich mir Wertschätzung, erhalte ich sie von anderen. Nehme ich mich an, so erhalte ich immer mehr Anerkennung. Wenn ich das nur schon früher gewusst hätte. Das ist harter Tobak."

„Ja, liebe Katharina, das ist es. Ich wage zu behaupten, dass wir mit diesem Thema mehr oder weniger alle im gleichen Boot sitzen. Als ich noch mein Finanzbüro hatte, achtete ich darauf, dass meine Kunden finanziell gut versorgt waren und dass es ihnen gut ging.

Mich selbst vernachlässigte ich. Für meine Bedürfnisse nahm ich mir keine Zeit. Die Rechnung kam dann erst viel später. Die Überlastung kam schleichend daher. Kennt ihr die Geschichte vom Frosch?

Wirft man einen Frosch in kochendes Wasser, springt er sofort heraus. Setzt man ihn hingegen in einen Topf mit kaltem Wasser, das man langsam zum Kochen bringt, versucht er nicht, zu flüchten, weil er die Temperaturveränderung kaum spürt. Bis es zu spät und der Frosch totgekocht ist.

Mein Vorschlag für unsere Zukunft: Wir erwarten von nun an keine Anerkennung von außen. In erster Linie setzen wir uns Grenzen, nehmen gesundheitliche Herausforderungen ernst, genießen das Leben und schätzen uns selbst wert, ganz einfach, weil wir sind, wie wir sind. Was meint ihr? Habt ihr schon eine Idee, wie wir dahin kommen?“

„Ich kann dir sagen, was ich getan habe“, meldet sich Jutta zu Wort. „Mir wurde eines Tages klar, dass ich fremdgesteuert war, weil man in der Wirtschaftswunderzeit von mir verlangt hatte, ein braves Mädchen zu sein. Was Papa, der große Unternehmer-Zampano sagte, war Gesetz. Ich nahm mich mit der Zeit selbst nicht mehr ernst. Meine Gefühle ignorierte ich. Diese Missachtung führte unweigerlich zu Handlungen, die mir und meinem Weg nicht entsprachen.

Ich hatte also meine Einzigartigkeit, meinen einzigartigen Weg nicht gelebt. Und so war ich automatisch in der Sackgasse gelandet. So hart unsere Insolvenz war, durch den ganzen Prozess, der von Wut, Ohnmacht, Angst, Scham und Traurigkeit begleitet war, bin ich zu einer neuen Würde gekommen und zu sehr viel Dankbarkeit für mein Leben. Ich habe aufgehört zu erwarten, von anderen etwas zu bekommen, was ich mir selbst nicht gebe.

Heute kann ich sagen, dass mich diese Krise mehr zu mir selbst und meiner Berufung gebracht hat. Ich traue mir mehr zu, weil ich häufiger reflektiere, wer ich bin und was ich tue. Ich bekomme so Klarheit über mein Potential und schöpfe dieses möglichst aus. Ich möchte ein Unternehmen nicht mehr wie ein Mann führen, sondern ich feiere meine Weiblichkeit. Diese Attribute führen im Vertrieb zu immensem Erfolg.

Vor kurzem habe ich meine Werte analysiert. Nach diesen lebe ich nun. Auch entdecke ich meine Träume und Wünsche, die vor langer Zeit verschüttet worden sind, wieder. Ich vertraue dem Leben mehr und mehr. Wenn ich mit meinem Inneren im Reinen bin, gelingt auch mein äußeres Leben. Natürlich gibt es von Zeit zu Zeit Herausforderungen. Heute habe ich die Kraft, diese leichter zu umschiffen und daran zu wachsen. Wenn ich mich jetzt frage, warum mein Leben erst wie ein Kartenhaus zusammenfallen musste, um das alles so zu sehen, so kommt mir die Erkenntnis, dass ich meistens im Außen gehandelt und für andere Verantwortung übernommen habe.

Das Reagieren im Alltag machte mich blind für die wirklich wichtigen Dinge. Der alltägliche Stress hielt mich im Hamsterrad gefangen. Ich wollte es jedem recht machen. Für mich selbst, für meine Träume, für mein Leben war keine Zeit. Ich tanzte auf zu vielen Hochzeiten, nur nicht auf meiner eigenen. Deshalb sind Thomas und ich trotz doppelter Elternschaft bis heute noch nicht verheiratet."

„Liebe Jutta, das ist ja unglaublich, welche Erkenntnisse du in den letzten Jahren gewonnen hast. Danke, dass du uns daran teilhaben lässt. Deine Worte berühren und stärken sehr. Sobald wir uns unseren Werten zuwenden und analysieren, was diese für unser Leben bedeuten, kommen wir aus den Abhängigkeiten, aus der Opferrolle, aus dem Getriebensein, aus dem Aktionismus und aus der Ratlosigkeit heraus.

So lernen wir unangenehme Situationen zu verändern und immer schneller wieder aufzustehen, wenn wir hingefallen sind, um dann auf unserem einzigartigen Weg weiterzugehen. Unsere Werte dienen als Navigator. Wenn mein Wert Freiheit ist, so treffe ich berufliche und familiäre Entscheidungen ganz anders. Ich lasse mich nicht auf Dinge ein, die mich begrenzen, ohne dass ich wirklich aus der inneren Freiheit heraus Ja sage."

Monika ergänzt: „Mir fällt noch etwas ein. Ich weiß meist intuitiv, was ich verändern sollte, doch ich finde den Anfang vom Knäuel nicht. Der Alltag holt mich immer wieder ein. Habt ihr wie ich mit Rückfällen und immer wiederkehrenden Schwierigkeiten zu kämpfen?"

„Ja, natürlich, liebe Monika. Das Leben testet uns. Doch jedes Mal, wenn wir nicht auf die Versuchung eingehen, unsere Gewohnheiten wie früher zu wiederholen, werden wir stärker. Das ist wie wöchentliches Muskeltraining im Fitnessstudio. Zu Beginn schmerzen die Knochen. Im Laufe der Zeit machst du Fortschritte und lachst über deine Anfangsleistung."

Monika lächelt und erwidert: „Stimmt, das ist ein guter Vergleich. Und wenn ich mal ein paar Wochen schwänze, ist es so, als würde ich von vorne beginnen, meine Muskeln aufzubauen."

„Ja, unser Leben ist ein Marathon und kein Sprint, wenn ich das mit einer anderen Sportart vergleichen darf", höre ich mich sagen. „Mir fällt es in einigen Bereichen leicht, zu mir zu stehen und in anderen versage ich gänzlich. Inzwischen verurteile ich mich nicht mehr dafür, sondern ich gehe milde mit mir um. Jeden Abend schreibe ich in mein Tagebuch, was ich alles geschafft habe. Unser menschlicher Geist tendiert nämlich in der Regel dazu, dass er uns immer wieder das vor die Nase hält, was wir nicht geschafft haben. Darauf falle ich nicht mehr herein.

Unser heutiger Alltag hat privat wie beruflich so viele Herausforderungen. Wir dürfen uns am Abend feiern für all die Dinge, mit denen wir zufrieden sind. Wenn wir unsere Gedanken verändern, verändert sich unser Leben. Die aufkommenden positiven Gefühle geben uns den Mut, mit immer mehr Zuversicht unseren ganz persönlichen Weg zu gehen."

„Ich hätte auch einen Wunsch", meldet sich Angelika. „Können wir noch das Thema *Ziele* mit auf die Agenda nehmen? Ich weiß immer noch nicht genau, welche Ziele mich antreiben und endlich erreicht werden sollen.

Natürlich ist mir meine Richtung klar. Ich möchte Menschen helfen, in ihre Berufung zu kommen. Doch meine eigenen Ziele, wie ich das angehe, wie ich meinen Alltag meistere und wie hoch mein Verdienst sein soll, kenne ich nicht. Schon Konfuzius hat gesagt:

Wer sein Ziel kennt, kann entscheiden; wer entscheidet, findet Ruhe;
wer Ruhe findet, ist sicher; wer sicher ist, kann überlegen;
wer überlegt, kann verbessern.

Wenn wir zusammen auf meine Situation schauen, könnt ihr mir vielleicht gute Impulse mit auf den Weg geben. Ihr habt doch so viel Lebenserfahrung."

„Das können wir sicher noch in unser Programm aufnehmen. Vielleicht machen wir das am Sonntag, wenn wir noch die Zeit dazu finden? Überlegt euch bitte mal bis dahin, welche Vorstellung eurer Zukunft ein Lächeln auf euer Gesicht zaubert. Die Ziele liegen da, wo die Freude ist.

Wir treffen uns dann nach der Mittagspause zu einer neuen Runde, wenn ihr damit einverstanden seid. Wir sammeln später eure Anliegen und dann entscheiden wir, was wir an diesem Wochenende besprechen und was wir auf einen späteren Zeitpunkt vertagen. Ich bin dafür, dass wir uns bald wieder treffen. Solange wie diesmal darf es nicht mehr dauern." „Da sind wir auch dafür", meinen die anderen einmütig.

Und so kommen wir am Nachmittag wieder zusammen, nachdem wir unseren Gedanken in der zauberhaften Natur freien Lauf gelassen haben. Jetzt kann es mit klarem Kopf wieder weitergehen. Ich starte.

„Also Ladies, was sind eure Werte? Meine sind, wie schon erwähnt, vor allen die Sehnsüchte nach Anerkennung, Wertschätzung und Unabhängigkeit. Und wisst ihr, warum dies meine Werte oder auch Sehnsüchte sind? Ich litt in meiner Kindheit unter fehlender Anerkennung und Wertschätzung. Seit ich mir selbst die Anerkennung und Wertschätzung gebe, die ich brauche, habe ich entdeckt, dass ich das auch in meiner Berufung leben darf. Der erste Schritt für mich war, mich von der Anerkennung anderer vollkommen unabhängig zu machen. Raus aus der ewigen Maske, denn *Everybody's Darling is everybody's Depp.*

Ich bin ich. Ich entscheide, was ich denke und welche Situationen ich für mich als Krise, Herausforderung oder Chance bewerte. Das hat mir viel Freiheit im Denken gebracht. Ich konnte mit dieser neuen Einstellung meine Firma mit meinen liebgewonnenen Kunden loslassen und einen neuen Weg beschreiten. Früher war ich von der Anerkennung meiner Kollegen und Kunden regelrecht abhängig. Ich oute mich vor euch, weil ich weiß, dass fehlende Anerkennung und Wertschätzung in der Kindheit uns heute dazu treiben, uns im Hamsterrad immer schneller zu drehen. Sagt Nein dazu, steigt aus!

Für mich ist diese Erkenntnis das unbedingte Fundament für ein glückliches, erfolgreiches, bewusstes und reiches Leben. Sie war der Ursprung meiner Entscheidung, in Zukunft ein selbstbestimmtes Leben zu führen. Wer Klarheit hat, ist auch empfänglich für seine innere Stimme und lässt sich von ihr leiten. Ich bin heute eine Frau, die sich selbst anerkennt, die weiß, was sie will. Und ich übernehme Verantwortung für mich. Ich gehe meinen eigenen authentischen Weg: *I do it my way.*"

„Und so bin ich aus meiner Geschichte heraus auch zu meinem Credo gekommen: Ich ermutige heute Frauen, sich selbst wertzuschätzen. Mit dieser Selbstannahme können sie in Klarheit ihr persönliches und finanzielles Leben gestalten, selbstwirksam werden und Unabhängigkeit erreichen. Seit meiner Neupositionierung kommen Frauen zu mir, die sich unter anderem endlich selbst mehr wertschätzen wollen.

Es ist so einfach: Wenn wir aufhören, uns von außen abhängig zu machen und uns stattdessen selbst die Anerkennung und Wertschätzung geben, die wir brauchen, werden wir uns auf den Pfad der Unabhängigkeit begeben. Damit werden wir Stück um Stück freier, unser Leben so zu leben, wie wir es uns schon immer gewünscht hatten.

Ich sorge somit für mich und bin unabhängig von anderen Menschen. Mit einem Nein zu einer unerwünschten Aufgabe bzw. Forderung von außen stehe ich zu mir. Persönliche und berufliche Durchbrüche sind damit vorprogrammiert. Diesem inneren folgt der äußere Weg. Versteht ihr, was ich meine?"

„Ja, das kann ich gut verstehen", meint Jutta. „Was rührt sich bei euch, wenn ihr eure Vergangenheit reflektiert? Schaut sie euch nochmals an, verdrängt sie nicht. Mit Annehmen, sanfter Klärung und dem feierlichen Verabschieden von innerem Ballast geht ihr diesen neuen Weg. So kommt sicherlich auch mehr Freude, Zufriedenheit, Klarheit, Dankbarkeit und Vertrauen in euer Leben. Das ist es!"

„So ist es, liebe Jutta. That's the way I like it", bekräftige ich. „Aus diesen Zukunftsaussichten heraus handeln und mit viel Zuversicht und Entscheidungsstärke immer genauer wissen, was Tag für Tag zu tun ist, wird auch bei euch das Ergebnis dieses Prozesses sein. Die wichtigste Entscheidung, die Absichtserklärung, die du treffen kannst, ist also die, glücklich zu sein.

Dein Leben wartet darauf, von dir erschaffen zu werden. Deine innere Einstellung und Haltung entscheidet, wie du dich fühlst und handelst und damit auch, welche Resultate du einfährst. Das führt zu einem sinnerfüllten und reichen Leben.

Dein Leben wartet darauf, von dir erschaffen zu werden. Ihr Lieben, mit euren Werten, die ihr aus euren persönlichen Sehnsüchten heraus lebt, könnt ihr euer Profil schärfen. So entwickelt ihr mit der Zeit eure eigene Persönlichkeit."

„Das hört sich so leicht an", mischt sich Sylvia ein.

„Nein, leicht ist es sicher nicht. Auch hier ist Durchhalten und immer wieder neu starten gefragt", höre ich mich sagen. „Erst einmal gilt es, innezuhalten und sich zu fragen, wo man aktuell im Leben steht, und ob man gerade auf dem richtigen Weg zum nächsten Meilenstein oder zum Ziel ist. Falls man Korrekturen vornehmen möchte, ist es hilfreich zu hinterfragen, wie man seine Einstellung verändern kann, damit ein anderes Lebensgefühl erreicht wird. So kann ich z. B. am Abend reflektieren und überprüfen, ob ich mir an diesem Tag treu geblieben bin.

Falls nicht, vergebe ich mir und erinnere mich, dass morgen wieder ein neuer Tag ist, an dem ich mich bewusst wahrnehmen und entscheiden kann. Zudem ist Vergebung ein heilsamer Prozess. Vergebt euch ständig selbst, sobald ihr spürt, dass etwas aus dem Ruder gelaufen ist. Vergebt anderen, die euch unrecht getan haben. Die anderen leiden nicht, wenn ihr ihnen nicht vergebt. Sie wissen oft gar nicht, dass ihr euch grämt. Ihr vermiest euch selbst euer kostbares Leben.

Am besten befreit ihr die Menschen um euch von euren Forderungen. Dieses Freiheitsgefühl möchte ich nicht mehr missen. Die Sonne geht jeden Morgen neu auf. Kennt ihr das Sprichwort von Albert Einstein: *Die Definition von Wahnsinn ist, immer wieder das Gleiche zu tun und andere Ergebnisse zu erwarten?* Wir wollen doch andere Ergebnisse, oder?"

„Ja, sicher, das wollen wir!", kommt es im Chor.

„Moment mal, bevor wir auseinander gehen, habe ich noch eine Frage", meint Monika. „Ich dachte bisher, dass ich mit positiven Gedanken weiterkomme. Mir wurde von meinem Therapeuten gesagt, dass ich meine Gedanken verändern soll. Das würde mein Leben verändern. Doch ehrlich gesagt, konnte ich es trotz ständigem Üben noch nicht erreichen, dass ich mir nicht noch immer die Schuld am Verlust der Firma gebe. Ebenso kommt der Zorn in mir hoch, wenn ich an die Ungerechtigkeit der Banker denke.

Ich könnte mir vorstellen, dass meine Sehnsüchte Wertschätzung und Gerechtigkeit heißen. Das heißt also jetzt für mich, dass ich ab sofort anfange, mich in den Mittelpunkt meines Lebens zu stellen. Aber ist es nicht so, dass ich dann egoistisch werde?"

Darauf habe ich schon gewartet. Meine Antwort:

„Monika, das wurde uns so beigebracht. Dabei steht schon in der Bibel: *Liebe deinen Nächsten wie dich selbst.* Ohne dass wir selbst auftanken, können wir gar nicht geben. Das leuchtet doch ein, oder?

Wir können uns gar nicht genug Aufmerksamkeit geben. Willst du in die Welt hinaus strahlen? Dann liebe dich so, wie du bist, triff die wichtige Entscheidung, glücklich zu sein, und du wirst zu einer Frau, die weiß was sie will!"

„Verstanden, Claudia, wenn ich also meine Bedürfnisse und Werte achte und mich selbst annehmen lerne, bin ich auf einem guten Weg in meine freudvolle Zukunft? Ich werde das verinnerlichen, denn ich möchte den ganzen Sch … hinter mir lassen."

„Ja, probier es einen Monat aus, und du wirst nicht mehr auf deinen Weg des Herzens verzichten wollen", schließe ich ab.

„Ich bin total geflasht", meldet sich Angelika. „Ich würde mich gerne täglich mit euch dazu austauschen. Miteinander können wir schneller wachsen, oder?"

Sie wendet sich an mich: „Würdest du dich bereit erklären, uns zu begleiten? Wir Freundinnen sollten uns diese gemeinsame Zeit wert sein. Schaut uns an, wir sind späte Mädels und haben keine Zeit mehr zu verlieren."

„Ja, das kann ich tun", sage ich spontan und schmunzelnd zu. „Mir macht es Freude, mit euch fünf Ladies zu wachsen. Heute Nachmittag haben wir den Grundstein zu einem bewussteren Leben gelegt. Lasst uns feiern, dass wir ab heute eine neue Geschichte über uns schreiben."

Fragen zur Reflexion

Welche Erinnerung hast du an deine Kindheit und Schulzeit bezüglich bedingungsloser Annahme und Anerkennung?

Wo und wie suchst du Anerkennung im Außen?

Hast du dir und anderen für Dinge in der Vergangenheit schon vergeben? Wem und was?

Folgst du den Erwartungen anderer? Wem und welchen?

Was ist dein persönliches Hamsterrad?

....

....

....

....

....

Wie soll dein zukünftiges Leben aussehen? Welches Ziel verfolgst du?

....

....

....

....

....

Wie planst du deinen Tag für dich? Wie kommst du darin vor?

....

....

....

....

....

....

Wofür feierst du dich?

....

....

....

....

....

....

Welche Sehnsüchte sprechen dich an?

Sehnsüchte sind Bestandteile unseres Seins und zeigen sich in immer wiederkehrenden Situationen unseres Lebens. Sie lassen uns wachsen, wenn wir sie leben. Sie treiben uns ungesund an, wenn wir sie im Außen suchen. Da nichts und niemand von außen imstande ist, unseren Hunger nach den Sehnsüchten zu stillen, strampeln wir uns im Hamsterrad ab.

- Wertschätzung
- Anerkennung
- Selbstbestimmung
- mich ernst nehmen
- Harmonie
- Frieden
- Lebensfreude
- Harmonisches Miteinander
- Freiheit/Unabhängigkeit
- Gerechtigkeit
- Sicherheit
- Klarheit
- Ehrlichkeit
- Liebe

Beispiel: Wenn ich mich so annehme, wie ich bin und mich wertschätze, bin ich sicher und gestalte mein Leben frei. Oder: Wenn ich mit einer Situation unglücklich bin und mich aus Harmoniegründen nicht dazu äußere, sondern mich leben lasse, kann ich mein Leben nicht leben.

Folge: Falls ich selbst zu wenig Anerkennung als Kind hatte, kann ich heute Menschen helfen, in die eigene Anerkennung zu kommen, sobald ich Freiheit über das Thema gewonnen habe.

Welche Sehnsüchte hast du?

Welche Werte sind dir wichtig?

Die wichtigsten Werte im weitesten Sinne, d. h. Tugenden, Lebensthemen, Grundhaltungen:

Aufrichtigkeit, Ausdauer, Authentizität, Begeisterung, Beharrlichkeit, Bescheidenheit, Besitztum, Besonnenheit, Beständigkeit, Bildung, Dankbarkeit, Demokratie, Demut, Disziplin, Ehrlichkeit, Einfachheit, Einzigartigkeit, Engagement, Entscheidungsstärke, Erfolg, Fairness, Familiensinn, Freigebigkeit, Freiheit, Freude, Freundlichkeit, Fürsorglichkeit, Geborgenheit, Geduld, Gelassenheit, Gemeinsinn, Genügsamkeit, Geradlinigkeit, Gerechtigkeit, Gesundheit, Gewaltfreiheit, Gewissenhaftigkeit, Glaube, Gleichheit, Glück, Heiterkeit, Herzlichkeit, Hilfsbereitschaft, Höflichkeit, Hoffnung, Humor, Individualität, Klugheit, Kommunikation, Kreativität, Kultur, Lebendigkeit, Lernen, Liebe, Loyalität, Macht, Menschenrechte, Menschenwürde, Menschlichkeit, Mitgefühl, Mut, Nächstenliebe, Nachhaltigkeit, Neugierde, Offenheit, Optimismus, Ordnung, Pragmatismus, Pünktlichkeit, Rechtsstaatlichkeit, Redegewandtheit, Respekt, Rücksichtnahme, Ruhm, Sanftmut, Sauberkeit, Schaffensfreude, Schenken, Schönheit, Selbstdisziplin, Selbstfürsorge, Selbstständigkeit, Selbstverwirklichung, Selbstwirksamkeit, Sicherheit, Sinn, Solidarität, Sorgfalt, Sparsamkeit, Spaß, Souveränität, Spiritualität, Stärke, Standfestigkeit, Sympathie, Tapferkeit, Teamgeist, Tierschutz, Toleranz, Tradition, Treue, Umweltschutz, Unbestechlichkeit, Unparteilichkeit, Verantwortung, Vergeben, Vergnügen, Verlässlichkeit, Vermögen, Vernunft, Versöhnung, Vertrauen, Vertrauenswürdigkeit, Vitalität, Wahrhaftigkeit, Weisheit, Weitblick, Wohlstand, Würde, Zärtlichkeit, Zielstrebigkeit, Zivilcourage, Zufriedenheit, Zugehörigkeit, Zuneigung, Zuverlässigkeit, Zuversicht.

Welche Werte möchtest du leben?

Schreibe deine sechs wichtigsten Werte auf – in der Reihenfolge ihrer Wichtigkeit für dich. Sie bilden dein Wertesystem, das du brauchst, um klare Entscheidungen zu treffen.

1____

2____

3____

4____

5____

6____

Schreibe nun für deinen wichtigsten Wert auf, was du ab heute und dann jeden Tag unter Einsatz deiner Zeit und Energie tun wirst, um deinem Wert auch in der Realität zu zeigen, dass er dein wichtigster Wert ist:

____

____

____

____

____

____

Schreibe das Entsprechende für deinen zweitwichtigsten Wert auf:

____

Schreibe das Entsprechende für deinen drittwichtigsten Wert auf:

Das richtige Mindset: Wie ist deine Einstellung zu dir, zu deinen Zielen und zu deinem Geld?

Nur du allein weißt, ob du damit zufrieden bist, wie du heute im Leben stehst und ob du dir im Klaren darüber bist, wo du hin möchtest. Was ist dir wirklich wichtig in deinem Leben? Welche Lebensziele treiben dich an? Sollen sie endlich in Erfüllung gehen?

Du kannst den Erfolg schneller erreichen, wenn du dir die Blockaden, Fallstricke und Vermeidungsstrategien ansiehst und überlegst, welche Rolle dein innerer Schweinehund spielt.

Du bist kein Opfer der Umstände. Trage Verantwortung und erhalte dadurch Klarheit über deine Träume und Wünsche.

Am besten formulierst du deinen persönlichen Lebensplan und hinterfragst deinen jetzigen Status.

Dein Mindset als dein verborgenes Denkmuster ist der wichtigste Faktor, deinen Status in Richtung deines Ziels zu bewegen.

Es kostet Mut, da genau hinzuschauen und Blockaden aufzudecken. Unbedingte Empfehlung: Wenn du deine nicht dienenden Glaubenssätze auflöst und durch neue ersetzt, schreibst du dein Leben neu. So nimmst du deine Zukunft in Besitz und stellst deine Gedanken neu ein. Sobald du unbewusste Muster und Prägungen aus deiner Vergangenheit abstreifst, erkennst du deine Möglichkeiten durch Reflexion deines bisherigen Lebens.

Helfen können dir auch Impulse aus Geschichten anderer, die es geschafft haben, aus dem Hamsterrad des Lebens auszusteigen, und die heute tief dankbar für ihr neues Leben sind. Es ist Zeit, eine neue Geschichte über dich zu erzählen. Brich auf in dein neues Leben!

Weiter geht es mit dem Treffen der Freundinnen

Nach einem köstlichen Abendessen lassen wir unser Gespräch nochmals Revue passieren. Fakt ist, dass wir uns über unsere gemeinsame Entscheidung freuen, unsere innere Verwandlung in den nächsten Wochen voranzutreiben.

Uns ist klar geworden, wie wir uns von den Fesseln unserer Vergangenheit befreien können: Indem wir Belastendes aus der Vergangenheit nicht verdrängen, sondern es beim Auftauchen in alltäglichen Situationen nochmals ansehen und dann abstreifen, unbewusste Muster und Prägungen aus der Kindheit Stück für Stück ablegen, uns und anderen vergeben und unsere Gedanken neu einstellen.

Wir sind keine Opfer, deshalb haben wir Verantwortung über unser Leben und können aus dem Hamsterrad aussteigen.

„Ich bin jetzt so richtig dankbar, wisst ihr das?", sage ich.

„Wir wissen, wie wir die Angst besiegen, indem wir uns ihr stellen. Und wenn wir uns jeden Abend fünf Punkte aufschreiben, für die wir an diesem Tag glücklich sein können, dann steigt die Lebensfreude Tag für Tag.

Einen Geheimtipp möchte ich euch noch auf den Weg geben: Falls ihr euer Tagespensum nicht geschafft habt, so lobt euch trotzdem für die Dinge, die ihr geschafft habt. Unsere täglichen Aufgaben sind so vielfältig und zahlreich, dass wir anschauen sollten, was wir getan haben. Und die unerledigten Dinge legen wir einfach auf den nächsten Tag.

Und wisst ihr, was ich morgens vor dem Aufstehen mache? Ich danke für alles in meinem Leben: für mein Bett, für die schöne

Wohnung, für die warme Dusche, für meine Lieben. Es gibt so viel zu danken. Wenn wir uns das nicht bewusst machen, dann werden die Dinge und Beziehungen zur Gewohnheit, und das ist der Tod eines Lebens in Freude und Dankbarkeit."

Ich sehe Kopfnicken um mich herum. „Habt ihr heute Abend die Muße, noch etwas für morgen vorzubereiten?", frage ich in die Runde. „Schreibt einfach alles auf, was aus euch herauskommt. Wir haben hier keinen Literaturwettbewerb. Wir leben Imperfectness!

Mit diesen Erkenntnissen findet ihr heraus, was ihr wirklich vom Leben wollt, und welche Blockaden und Vermeidungsstrategien euch daran hindern. Wollt ihr da hinschauen?"

Meine Freundinnen wollen es wirklich wissen und unsere gemeinsame Zeit nutzen. Der ursprüngliche Plan war, mehr Freizeit miteinander zu verbringen. Der eine oder andere Tratsch gerät jetzt in den Hintergrund, denn die Entscheidung ist gefallen: Wir wollen weiterkommen. Wir wollen Verantwortung für unser Leben übernehmen.

„Also gut, dann sehen wir uns in einer Stunde hier im Kaminzimmer, ja?"

Gesagt, getan. Die Frauen ziehen sich zurück, um sich über ihr Leben klarzuwerden. Wo stehen sie heute? Wo wollen sie hin? Das ist die Aufgabe für ihre Notizen.

Pünktlich nach einer Stunde versammeln wir uns wieder. Ich frage: „Wie fühlt ihr euch?"

Monika, Jutta, Angelika und Sylvia haben sich zusammengeschlossen und meinen, dass es sie Mut gekostet hat, auf ihre Wünsche zu schauen. Sie haben sie schon so lange verdrängt. Katharina ist ihrer Meinung nach einen Schritt weiter gekommen. Sie hat sich vor kurzem die Frage gestellt, was in ihrem Leben noch auf sie wartet und steht in den Startlöchern. Auf jeden Fall haben alle fünf einen Wunschzettel in der Hand.

Ich schlage ihnen nochmals vor, zu Hause ein Visionboard anzufertigen: „Platziert es an einer Stelle, an der ihr tagtäglich vorbeikommt. Durch Visualisierung können Wunder geschehen. Ihr richtet euch täglich auf diese Wünsche aus und stellt euch vor, angekommen zu sein. Nach und nach wird aus dem einen oder anderen Wunsch ein Ziel.

Ich bin ein gutes Beispiel dafür: Beim Aufräumen habe ich ein Wunschtagebuch von 2004 gefunden und gestaunt, was alles von meinen Aufzeichnungen in Erfüllung gegangen ist. Das hilft, dem Leben zu vertrauen! Ich empfehle euch auch so ein Tagebuch.

Und ihr könnt eure Wünsche auch mit in den Schlaf nehmen. Außer den Wünschen und Zielen (Ziele haben ein Datum!) schreibe ich auch noch hinein, wofür ich jeden Tag dankbar bin. Das ist der Dünger für die Erfüllung meiner Wünsche. Und wenn es einmal nicht so gut gelaufen ist, dann überlege ich mir, wie ich es in Zukunft besser machen kann.

Und mit diesen Gedanken wünsche ich euch gute Träume und freue mich auf morgen“, verabschiede ich die Frauen. Diese ziehen sichtlich müde, aber dennoch zufrieden und erwartungsvoll von dannen.

Nach dem Sonntagsfrühstück setzen wir uns wieder zusammen. Ich starte: „Nachdem wir für uns entschieden haben, uns in der Zukunft selbst wertzuschätzen, ist es an der Zeit, über den Spiegel unserer eigenen Wertschätzung zu sprechen, nämlich Geld!

Vermögen kommt von mögen

Ich wünsche mir so sehr, dass Menschen mehr über ihr Geld nachdenken und darüber sprechen lernen. So decken sie ihre Glaubenssätze und Blockaden auf. Sie gewinnen Klarheit, sobald sie das Unbewusste ins Bewusste bringen.

Wir können einen Neustart erzielen, wenn wir uns förderliche Gedanken anschauen. Wollt ihr euch auch von den Fesseln der negativen Gedanken und des unreflektierten Umgangs mit Geld befreien? Dann erforscht bitte eure Gedanken über Geld. Euer Reichtum beginnt erwiesenermaßen im Kopf. Mit neuen Denk- und Lösungsansätzen könnt ihr selbstbestimmt und erfolgreich bis zum Lebensende eure kostbare Lebenszeit unbeschwert genießen.

Wie fühlt sich Wohlstand für dich an?
Möchtest du wohlhabend sein?

Ich möchte euch von Herz zu Herz Mut zusprechen, dass ihr zukünftig den Tatsachen ins Auge blickt.

Fangen wir heute also damit an, über **eure Glaubenssätze, eure Gedanken über Geld, euren persönlichen Wunschzettel und die Erfüllung eures persönlichen Lebensplans** zu sprechen.

Wollt ihr ein Geldmagnet werden, der Geld selbstverständlich und dauerhaft anzieht? Euer Mindset ist als euer verborgenes Denkmuster der wichtigste Faktor für ein Leben in Freiheit und Unabhängigkeit. Nach Aufdeckung und Umprogrammierung eurer **Vermeidungsstrategien, Störfaktoren, Blockaden und Glaubenssätze** werdet ihr euer Leben nicht mehr wiedererkennen. Indem ihr eure bisherigen Erfahrungen und Erinnerungen loslasst, die euch nicht dienenden Glaubenssätze auflöst und durch neue ersetzt, kommt ihr unweigerlich in die Fülle.

Der Wandel beginnt also in eurem Kopf. Am effektivsten ist es, wenn wir uns achtsam von den Fesseln des erlernten Umgangs mit Geld aus unserer Kindheit befreien. Ihr seid wie ich in der Wirtschaftswunderzeit geboren. Geld war für mich eine Mangelerfahrung. Bei uns zu Hause wurde immer gespart. Geld war nur für das Nötigste da. Ansonsten ging alles in die Modernisierung des geerbten Vorkriegshauses.

Als Kind habe ich es als Geiz empfunden, sich kaum etwas zu gönnen. Jeder Pfennig wurde zweimal herumgedreht. Das durfte ich später meinen Eltern vergeben. Sie haben so viel geschaffen in diesen Jahren. Seit ich mir nochmals angeschaut hatte, was zum Thema Geld im Elternhaus gesprochen und wie damit umgegangen worden ist, konnte ich viel bei mir erkennen und auflösen.

Weitere Schritte aus dem Mangel waren meine Glaubenssätze über Geld und die Wertschätzung meiner selbst und die meines Geldes. Das Ergebnis: gesunde und stabile Finanzen und ein Leben in Fülle, das ich mir schon immer erträumt hatte.

Mein Weg zu dieser Erkenntnis war lang. Heute freue ich mich, dass ich aus meiner Erfahrung heraus anderen helfen kann, diesen Prozess abzukürzen.

Gestern Abend habe ich euch ja gebeten, einen Wunschzettel all eurer Träume und Wünsche anzufertigen. Dann solltet ihr über den Nutzen für euch und andere nachdenken, falls diese Wünsche in Erfüllung gehen würden. Mein Tipp war zudem, euren Lebensplan anzuschauen und mit eurem derzeitigen Lebensstatus zu vergleichen. Wer möchte anfangen?“

„Na, dann beginne ich mal, denn genau das ist bei mir ja in Planung“, meldet sich Angelika zu Wort. „Schön, du Liebe, dann legen wir mal los“, sage ich.

„Okay, ich oute mich gleich und bekenne, dass ich mir von Herzen einen Partner an meiner Seite wünsche", legt sie los. „Gestern habe ich erkannt, dass ich allerdings erst für mich selbst einstehen muss. Ich habe von einem Prinzen geträumt, der mir alle Probleme abnimmt und mir Sicherheit und Geborgenheit gibt. Schönes Märchen, fast so wie bei Aschenputtel. Ich darf auf eigenen Füßen stehen, und wenn dann ein Mann als Ergänzung in mein Leben kommt, dann ist es wunderbar. Auf jeden Fall wünsche ich mir ein Leben in Fülle aus mir heraus.

In unseren bisherigen Gesprächen ist mir klar geworden, dass mich Störfaktoren und Glaubenssätze ein Leben an der Armutsgrenze haben führen lassen. Ehrlich gesagt geht das alles ganz schön tief. Ich möchte mich gerne mit dir zu einem Einzeltermin treffen, liebe Claudia." „Ja, das können wir machen. Und was ist mit den anderen? Wollt ihr auch stärker an diesen Stellschrauben drehen?"

Die anderen sind dafür und meinen, dass der heutige Tag schon ziemlich ausfüllt ist und eine so wichtige Sache ausreichend Raum bei einem späteren Treffen benötigt.

„Welche Zukunftsvorstellungen habt ihr?", versuche ich die Stimmung ins Positive zu kehren. Die Frauen rufen durcheinander: „Ich möchte frei sein und ein gutes Leben leben können. Ich muss keinen Luxus haben, doch eine gewisse Sicherheit und die Möglichkeit, mir gesundes Essen kaufen zu können, wäre wunderbar." – „Ich möchte im Alter versorgt sein und niemandem auf der Tasche liegen." – „Ich möchte anderen Menschen helfen, die weniger haben als ich. Deshalb möchte ich viel Geld besitzen, denn es gibt viel zu tun auf dieser Welt." – „Ich möchte mein Geld gut und nachhaltig anlegen, so dass ich ein selbstbestimmtes Leben leben und die Welt mit meinem Geld zum Positiven verändern kann. Ich gehe gerne in den Urlaub, leiste mir ab und an einen Theaterbesuch und möchte meinen Kindern und Enkeln gegenüber großzügig sein." – „Ich möchte lange arbeiten. Momentan ist es noch so, dass ich muss, ich möchte aber, dass ich ein gewisses Grundpolster habe und ich somit lange arbeiten darf und nicht muss." – „Ich möchte keine Schulden mehr haben und benötige eine Strategie, wie ich sie abzahlen und gleichzeitig Vermögen aufbauen kann."

„Schön, wie es so aus euch heraussprudelt. Ich sehe förmlich, wie ihr langsam aus Knospen zu wunderschönen Blumen aufblüht. In all den Jahren habe ich bei meinen Klientinnen gewisse Zusammenhänge herausgefunden. Untenstehende Liste könnt ihr ergänzen. Einen Durchbruch erzielt ihr, indem ihr die negativen Glaubenssätze in eine positive Form bringt", gebe ich in die Runde.

„Wie machen wir das?", fragt Jutta.

„Indem ihr eure limitierenden Glaubenssätze auflöst und durch neue ersetzt. Ich nenne euch mal Beispiele, dann könnt ihr das Thema weiterspinnen, indem ihr fragt: Welcher Glaubenssatz hindert euch am Durchbruch zu einem finanziell freien Leben?"

Glaubenssätze

„Geld ist schlecht."

Ist das wirklich wahr?

Geld ist neutral. Du gibst ihm eine gute oder schlechte Bedeutung. Also die Farbe, die du wählst.

„Geld verdirbt den Charakter."

Gibt es Studien dazu?

Geld allein macht keinen schlechten Menschen. Viele wohlhabende Menschen spenden ihr Geld an Wohltätigkeitsorganisationen.

„Ich kann nicht mit Geld umgehen."

Warum sagst du das? Hast du es schon probiert?

Nimm dir vor, ab sofort zu lernen, besser mit Geld umzugehen. Es ist kein Hexenwerk.

„Mir ist Geld nicht wichtig."

Frag dich, warum du dann überhaupt arbeiten gehst.

„Dieses blöde Geld."

Diese Aussage kannst du neutralisieren durch:

„Ich liebe Geld und ziehe es an wie ein Magnet."

„Mein Partner kümmert sich um unser Geld."

Was ist, wenn die Beziehung endet oder der Partner verstirbt?

„Ich verstehe nichts von Finanzen."

Es gibt Beraterinnen, die komplexe Sachverhalte vereinfacht darstellen können. Gleichzeitig kannst du dich trauen, Fragen zu stellen. Frauenfinanzbücher können auch eine gute Wahl sein.

„Für meine Altersversorgung habe ich kein Geld. Die Rente ist mir piepegal."

Das ist eine Frage der Prioritäten.

Wenn ich denke, dass ich nicht alt oder von anderen versorgt werde, kann ich mir diese Aussage leisten.

„Ich arbeite Teilzeit und kümmere mich um unsere Familie."

Der Mann zahlt für einen Ganztagsjob in die Rentenversicherung und die Frau vergisst sich und ihre Ruhestandsversorgung. Wenn sie kein Geld verdient, übersieht sie oft, Geld für sich vom Familieneinkommen anzusparen, oder sie versorgt alle anderen Familienmitglieder und vergisst sich selbst.

„Ich arbeite bei meinem Mann in der Firma. Mir fehlt es an nichts."

Bitte achte darauf, dass du ein angemessenes Einkommen erhältst und lass dich von keinem Steuerberater der Welt davon abhalten. Was passiert, falls mit 60 eine Scheidung ins Haus steht?

„Wenn ich wieder mehr verdiene, fange ich an zu sparen."

Es gibt in jedem Alter Ausreden, nicht zu sparen. Jahr um Jahr wird es teurer, ein Vermögen aufzubauen, denn der Zinseszinseffekt arbeitet gegen oder für uns.

„Ich gebe mein Geld jeden Monat aus. Wer weiß, was mein Geld später wert ist?"

Und was ist später? Wovon lebe ich?

„Es bleibt nicht genug übrig, um etwas zur Seite zu legen."

Du bist kein Opfer. Es gibt Möglichkeiten, das verdiente Geld so aufzuteilen, dass du auch sparen kannst.

„Ich habe keine Lust, mich mit Geldanlagen zu beschäftigen."

Fang einfach mal an. Es wird dir Spaß machen, denn du wirst erkennen, dass Geld für dich arbeitet und dich in die Freiheit bringt.

„Ich habe Angst zu investieren."

Warum, kennst du die Geldgesetze? Sei neugierig und lies dich ein oder lass dich aufklären. Ansonsten geht ein reiches Leben an dir vorbei.

„Ich lasse mein Geld auf der Bank, da ist es sicher."

Wirklich? In Zeiten von Niedrigzins und Bankenkrise frisst die Inflation dein Geld auf. Es wird jedes Jahr weniger.

Nun bin ich gespannt, mit welchen Glaubenssätzen ihr die Liste erweitert.

....

....

....

....

....

....

....

....

Dein innerer Schweinehund

Und nun noch ein anderes Thema, das uns auf ganzer Linie ausbremst. Es ist unser innerer Schweinehund!

Welche Rolle spielt er in deinem Leben? Spielt er dir täglich Ausreden zu, warum du nicht starten kannst? So geschah es mir früher oft. Du kannst mit deinem inneren Schweinehund eine Verabredung treffen. Wenn du innerhalb von drei Monaten ein Ziel erreicht hast – wenn du dir z. B. mehr Zeit für dich nimmst – dann darf er sich entspannen.

Jedes Mal, wenn er sich meldet, darfst du dich bei ihm dafür bedanken. Aber du lebst dein Leben nun so, wie du es dir schon immer gewünscht hast.

Als Nachweis kannst du ihm deine Tagebuchaufzeichnungen zeigen. Wie sieht deine Tagesgestaltung an jedem einzelnen Tag aus? Was hast du an den Tagen für dich getan? Wo und wie kommst du in deiner Wochenplanung vor? Welches Monatsziel hast du dir vorgenommen und wie viel davon hast du erreicht?

Dein Schweinchen wird staunen und mit dir feiern wollen, dass du vielleicht nun dreimal pro Woche laufen gehst, zweimal wöchentlich im Sportstudio deinen Körper forderst, deine tägliche Meditation deinen Geist erfrischt, deine frisch gemachten köstlichen Speisen deinen Körper gesunden lassen und deine Wochenenden glückliche Zeiten ohne berufliche oder sonstige Herausforderungen sind. Dein inneres Kind freut sich mit dir und deinem Schweinehund.

Du kommst in einen Zustand der geistigen Weite, dein Körper dankt es dir und du kannst mit viel mehr Energie deinen Zielen entgegengehen.

Apropos inneres Kind: Für mich war es immens schwer, wieder wie ein Kind zu spielen, einfach in den Tag hinein zu träumen, einfach mal nichts zu tun. So sehr war ich auf Leistung getrimmt. Ich spüre die Entspannung und die wieder aufkommende Kreativität und Energie, seit ich mir selbst den ersten Platz in meinem Leben einräume.

Versuch einmal, deinem Schweinehund zu sagen: „Jetzt ist aber Ruhe. Jetzt bin ich dran. Ich habe meinen Plan und den halte ich ein. Du brauchst dich also nicht zu sorgen, dass ich meine Ziele nicht erreiche."

„So eine Sauerei", schmunzelt Katharina. „Bisher habe ich mir Tiere im Stall vorgestellt, wenn ich an Schweine dachte. Ich wusste nicht, dass sie so gefährlich sein können."

Geht es dir wie den Freundinnen? Spürst du, dass deine Werte, deine Träume und deine Ziele nicht mit deiner momentanen Lebenssituation und deinen Plänen übereinstimmen?

Dann schau dir deine Störfaktoren, Blockaden, Fallstricke und Vermeidungsstrategien genau an und entscheide dich zur Umprogrammierung.

Wie das geht? Indem du dir dein momentanes Leben bewusst machst und verstehst, warum es so weit gekommen ist. Und dann eine Entscheidung zur Verhaltensänderung triffst! Schriftlich!

Was möchtest du ab heute anders machen?

....

....

....

....

....

....

....

....

Wann möchtest du welches Ziel erreicht haben?

....

....

....

Mit welchen Themen kommt dein innerer Schweinehund immer wieder auf dich zu?

....

....

....

....

....

....

„So, und nun lasst uns feiern. Wir haben heute den ersten Stein zu unserem wunderbaren neuen Leben gelegt. Mädels, wir sind einfach spitze. Wie fühlt ihr euch jetzt?"

„Im Aufbruch, richtig motiviert, die Dinge anzugehen, ein Gefühl des Neustarts, aufregend, neugierig", rufen sie mir entgegen.

„Wir werden uns bis zum nächsten Treffen erst einmal unseren Orientierungsrahmen erarbeiten. Seid ihr dabei?" Alle nicken.

Wir fahren mit einem Gefühl des Aufbruchs nach Hause, nachdem wir einen Termin für unser nächstes Treffen geplant haben. Es soll bei mir in Oberfranken stattfinden. Wir wollen uns künftig reihum zu einem Erfahrungsaustausch treffen.

Ziehe Bilanz. Es ist nie zu spät, neu anzufangen

An jedem einzelnen Tag beginnt ein neuer Weg. Wo stehst du heute? Eine persönliche Bilanz hilft dir bei der Reflexion und Neuausrichtung. Triff deine Entscheidung, ob du mit deinem bisherigen Leben zufrieden bist oder ob du noch selbstbestimmter leben möchtest.

Älter werden ist nichts, dem du entkommen kannst. Du bist um die 50, also in der Erntezeit deines Lebens. Wir können heute locker 100 Jahre alt werden. Und so haben wir noch viel Zeit für kurz- und langfristige Ziele. Lass uns auf deine Lebensziele eingehen. Ich habe schon über die wunderbare Möglichkeit der Visualisierung all deiner Wünsche, Pläne und Vorhaben gesprochen.

Setz dich hin, spüre in dich hinein und kreiere eine Lebenscollage, ein sogenanntes Visionboard. Farbig gestaltet hängt es an deiner Wand und erinnert dich ständig an dein Herzensanliegen.

Wofür brennst du?

Was ist dir wirklich, wirklich wichtig?

Welche Lebensziele treiben dich an?

....

....

....

....

....

....

....

Warum stehst du jeden Morgen auf?

....

....

....

....

....

....

....

Fragen zur weiteren Reflexion

Wartest du auf die Rente oder möchtest du in der zweiten Hälfte deines Lebens nochmals richtig durchstarten? Gerade jetzt ist es an der Zeit, deine eigene Berufung zu leben. Was wartet in deinem Herzen?

....

....

....

Träumst du von einem freien Leben, indem du endlich das machen kannst, was du möchtest?

....

....

Willst du öfter reisen? Wohin? Wie?

....

....

....

Oder willst du dich liebevoll um deine Enkel kümmern?

....

....

Gibt es andere familiäre Aufgaben? Mit welchem Aufwand?

....

....

....

Möchtest du dich ehrenamtlich engagieren? Wie und wo?

....

....

Wünschst du dir ein reiches Leben in Freiheit und Sicherheit?

....

Spürst du gerade jetzt in dir die unbändige Sehnsucht, endlich zu leben, wie du es dir schon immer gewünscht hast?

....

....

Willst du den Planeten durch dein Zutun zu einem besseren Ort machen? Was kannst du tun?

....

....

....

Dein weiterer Lebensplan

....

....

....

....

....

....

....

....

....

....

....

....

....

....

....

....

Unsere Welt braucht lebenserfahrene Frauen wie dich, die engagiert mitwirken, unsere Gesellschaft hin zu mehr Menschlichkeit umzugestalten und selbst davon profitieren, indem sie ihr volles Potential leben. Leben ist Veränderung.

Egal, welches Ziel du hast: Es braucht Mut, diese Veränderungen anzugehen und Entscheidungen für diesen wunderbaren Lebensabschnitt zu treffen. Unsere Freundinnen haben diese Fragen für sich beantwortet.

Ihr Resümee gibt dir einen Orientierungsrahmen, der dir hilft, deine Wünsche zu erfüllen. Falls du Unterstützung benötigst, empfehle ich dir, dich von einer Freundin oder einem Coach begleiten zu lassen.

Wie sieht deine bisherige Lebensbilanz aus? Stehen sich Aktiva und Passiva ausgeglichen gegenüber? Die Passivseite gibt Auskunft über deine Ressourcen, während auf der Aktivseite der Einsatz deiner Ressourcen dokumentiert ist.

Es wäre ein Missmanagement, wenn du mehr Energie ausgibst, als dir zur Verfügung steht. So erging es mir Jahr für Jahr. Dieser Prozess ist schleichend und es braucht lange, bis du wieder in deine Kraft kommst.

Deshalb triff heute noch eine Entscheidung! Mache dir einen Tages-, Wochen- und Monatsplan! Ich setze mich am Abend hin und plane den nächsten Tag. Den Wochenplan erstelle ich am Sonntagabend und den Monatsplan jeweils am Monatsende.

Mit dieser konkreten Aufzeichnung kann ich sicher sein, nichts zu übersehen. Ich komme nicht zu kurz, meine Familie ist ebenso eingeplant wie meine festen Termine, und natürlich kommen Zeitpuffer darin vor. Denn man weiß ja nie.

Weiter geht es mit dem Treffen der Freundinnen

Das nächste Treffen sollte bei mir in Oberfranken stattfinden. Aber zwischenzeitlich hatte uns die Corona-Pandemie mit voller Wucht getroffen. Ein Treffen vor Ort entsprach nicht den Corona-Regeln, und so haben wir ein Onlinetreffen verabredet. Gerade in Zeiten der Veränderung ist es wichtig, nicht aufzugeben, sondern Neues zu gestalten mit dem, was gerade möglich ist.

Zukunftsmacherinnen zeichnen sich dadurch aus, dass sie aus jeder Situation das Beste machen. In Krisenzeiten kann jede Frau riesige Schritte tun, indem sie sich entscheidet, ihre Möglichkeiten zu nutzen. Und es gibt so viele! Schon Aristoteles sagte:

Wir können den Wind nicht verändern, aber die Segel anders setzen.

„Nachdem wir uns vor zwei Monaten getroffen haben und ihr mir damals eure Träume, Wünsche und Lebensziele verraten habt, wäre es gut, wenn wir uns die Bälle zuwerfen und berichten, was in uns weitergearbeitet hat. Wir haben damals festgestellt, dass Werte viel mit einem guten Leben zu tun haben.

Wir wollen jetzt darüber sprechen, wie wir es schaffen, frei und sicher in unserer Stärke zu leben. Unsere Antworten geben uns einen Orientierungsrahmen vor, inwieweit wir unsere gewünschte Zukunft durch veränderte Lebensgewohnheiten erreichen und welche Rolle unser Geld dabei spielt.

Wir beginnen mit dir, liebe Katharina. Was hast du über deine Zukunft zu berichten?“

„Schaut mal mein Visionboard an. Hinter jedem Bild steht ein Datum“, antwortet Katharina stolz. „Bei unserem ersten Treffen hatte ich spontan erwähnt, dass ich im Alter versorgt sein und niemandem auf der Tasche liegen möchte. Da bin ich in den letzten Wochen tiefer hinein gegangen. Dieser Wunsch wird mein Ziel, indem ich im nächsten Monat mit meiner Finanzplanung starten werde. Mir wäre eine Ruhestandsversorgung wichtig, bei der ich auf Heller und Pfennig ersehen kann, wie viel Geld mir im Alter zur Verfügung steht.

Wenn meine Planung steht, möchte ich meine Kinder und deren Freunde ermutigen, sich auf ihre Finanzen zu fokussieren. Ich werde meine Geschichte in meinem Netzwerk erzählen. Mit meinem Finanzplan halte ich das Happy End in den Händen. Geld wird wichtig für mich, denn es ist ein Mittel zum Erreichen meiner Ziele. Es ist nicht so, dass ich nur auf die Rente hinfiebere, so wie viele andere Frauen. Ich möchte mein Leben heute genießen, nachdem ich nun endlich beginne, wirklich rundherum zufrieden mit mir zu sein.

Und jetzt seht euch meine Lebenscollage an. Ich wünsche mir einen Partner an der Seite, weil ich nicht alleine alt werden möchte. Ich bin finanziell frei – und ein Mann ist die Kirsche auf der Torte. Außerdem werde ich weiterhin die Natur und gutes Essen genießen und meine Kinder unterstützen.

Die Bilder zeigen das so schön für mich auf. Ich werde ständig die Collage betrachten und meine Visionen verinnerlichen.

Mir ist bewusst geworden, dass es mir extrem wichtig ist, meine Werte Freude, Dankbarkeit, Einfachheit und Freiheit zu leben. Als meine Sehnsüchte habe ich Wertschätzung und Anerkennung meiner selbst festgelegt. Ja, mit einem solchen Leben wäre ich bis zum Ende meiner Tage glücklich. Mehr brauche ich nicht."

„Wunderbar, diese Klarheit", entfährt es mir. „Bitte wirf den Ball jetzt der Nächsten zu."

„Okay, dann wähle ich Jutta. Jetzt kommst du dran!"

„Oh, okay, ich habe auch etwas mitgebracht. Schaut mal bitte auf mein Visionboard. Hier seht ihr mein Leben mit 65. Ich habe mir meinen Herzenswunsch erfüllt und kann gut von meiner Selbstständigkeit leben. Ab nächsten Monat gebe ich zehn Prozent an eine Schule in Uganda ab. Die Entwicklungsländer sind besonders hart von der Corona-Krise betroffen.

Dieses Spenden macht mir selbst viel Freude, weil ich weiß, dass ich im Leben so vieler Kinder eine Veränderung bewirken kann. Sie werden in ihrem Land eine Chance haben, sich eine Existenz aufzubauen. Bildung ist der Schlüssel für ein eigenständiges Leben und eine richtige Chance auf eine lebenswerte Existenz. Wer weiß, vielleicht wird ein von mir unterstütztes Kind die Welt verändern."

„Chapeau, liebe Jutta", kommt es von mir. „Du setzt es also ab sofort um. Das heißt, absolutes Vertrauen ins Leben zu haben. Ich freue mich sehr, zumal wir beide ja in dieses Projekt vernarrt sind."

„Ja, ich vertraue dem Leben und ich vertraue mir. Ich werde es schaffen, mein Ziel zu erreichen, genug Geld zu besitzen, um vielen anderen helfen zu können: mit einer klaren Werteorientierung und der Erfüllung meiner Sehnsüchte.

Das ist erst der Anfang. Ich kann praktisch nicht genug Geld haben, weil es viel Not auf dieser Welt gibt. Wollt ihr meine Werte kennenlernen? Verantwortung dafür zu übernehmen, dass möglichst viele Menschen in Würde leben können.

Mitgefühl und ein unerschütterlicher Glaube, dass ich etwas bewegen kann. Meine Sehnsüchte passen auch dazu. Es sind Gerechtigkeit, Frieden und Freiheit. Es war schon immer alles in mir. Dies alles hat sich in den letzten Tagen offenbart. Was für ein Prozess.

Mit diesem Wissen habe ich eine innere Umsetzungsstärke entwickelt. Meine Kunden und Vertriebspartner arbeiten heute gerne mit mir zusammen. Ich habe eine ganz andere Ausstrahlung, seit ich weiß, wer ich bin und was meine Berufung ist."

Wir sind alle fasziniert von Juttas Ausführungen. Das ist eine Offenbarung, wenn man bedenkt, dass sie eine Insolvenz hinter sich hat und sich mit viel Disziplin und Ausdauer eine neue Existenz aufgebaut hat. Mental hat sie es ebenso geschafft, von ihren Sorgen und Ängsten loszukommen und mit sprühender Lebensfreude in ihre Zukunft zu starten. „So, und nun gebe ich den Staffelstab an Monika. Du bist dran!"

„Ja, Mädels, leider bin ich noch nicht dazu gekommen, mein Visionboard zu basteln. Zeitschriften zum Ausschneiden liegen bereits bereit. Bei mir war wieder viel los im Leben. Ich darf aufpassen, dass ich die wichtigen Dinge nicht weiter verschiebe. Ich möchte mich auf mein Jetzt und Hier und auf meine Zukunft fokussieren. Jedoch lässt mich mein Hamsterrad noch nicht richtig los.

Claudia, ich brauche dich noch für meine Finanzen. Lass uns bald einen Termin vereinbaren. In dem Büro, in dem ich arbeite, macht es mir keine Freude mehr. Ich werde von Kolleginnen gemobbt, weil ich mich mit meinem Chef gut verstehe. Ich versuche, gut damit zurecht zu kommen, doch auf Dauer ist diese Beschäftigung für mich nicht zufriedenstellend.

Ich habe mir vorgenommen, bis spätestens in einem halben Jahr etwas Neues zu machen. Ihr kennt mich. Ich bin bis zu einem gewissen Grad gut im Verdrängen. Vielleicht gebt ihr mir einen Tritt in den Hintern?"

„Dann schauen wir mal, wie wir dir helfen können. Ich denke, dass es ohne Hiebe ausgehen wird", sage ich lächelnd.

„Mich macht es unzufrieden“, sagt Monika. „Ich hatte angeregt, dass wir uns mit unseren Sehnsüchten und Werten beschäftigen. Und nun habe ich selbst versagt.“

„Stopp“, sage ich. „Wenn du dich jetzt noch runter machst, wird es nicht besser. Du solltest dich anerkennen für das, was du tust und dir nicht vorwerfen, was du noch nicht schaffst. Die Betonung liegt auf noch nicht. Ich bin überzeugt, dass alles schon in dir ist und wir zusammen mit dir ein Ergebnis ausarbeiten können.“

„Das wäre wunderbar“, entgegnet Monika mit einem Lächeln im Gesicht. „Also, los geht's, wer hat Ideen?“

Sylvia meldet sich zu Wort: „Monika, wie ich dich kenne, möchtest du das Lebenswerk deiner Familie sichern. Wenn das geglückt ist, kannst du dir in Ruhe dein weiteres Leben ansehen. Du bist von Grund auf Unternehmerin. Ich bewundere dich, wie du es so lange schaffst, in diesem Büro einem Chef zuzuarbeiten. Du bist eine Macherin und bist es gewohnt, Entscheidungen zu treffen und voranzugehen. Das ist nicht dein Lebenstraum, da zu versauern. Klar, es musste eine Weile sein, weil du wegen der Insolvenz erst mal Luft holen und etwas Neues aufbauen musstest. Aber jetzt ist es langsam gut. Schreib dir mal deine Qualitäten auf und überlege, was dein Herz dir sagt. Ich kann nicht mehr zuschauen, wie du leidest.“

„Danke Sylvia, ja, das habe ich mir schon angesehen. Ich habe eine Ausbildung im Datenschutz und könnte Datenschutzbeauftragte werden oder mich als virtuelle Assistentin selbstständig machen. Dann könnte ich wieder zu Hause arbeiten und mich meiner geliebten Gartenarbeit widmen. Wenn ich daran denke, merke ich, wie mein Herz hüpft. Ja, ich möchte kündigen und mein eigenes Ding machen. Und wenn ich nun ein Datum hinter diesen inneren Wunsch setzen soll, dann möchte ich zum 1.7. dieses Jahres kündigen und mit einem Gründerzuschuss neu starten. Das passt auch zur Restschuldbefreiung aus der Insolvenz.

In Zukunft stelle ich meine Existenzangst zur Seite und gehe mein Leben neu an. Ich habe schon so viel erlebt, dass ich Vertrauen ins Leben habe, um auf die Sicherheit einer Angestelltentätigkeit zu verzichten. Außerdem wurden bei mir schon lange die Unternehmereigenschaften festgestellt, die ich für ein erfolgreiches Leben als Selbstständige benötige.

Meine Werte wie Ausdauer, Mut und Disziplin gehören dazu. Und meine Sehnsüchte gehen in Richtung Selbstbestimmung und Freiheit, und vor allem, mich ernst zu nehmen. Es ist so wunderbar, dass wir uns getroffen haben. Ohne euch, die ihr mir den Rücken stärkt, hätte ich weniger Mut, den ersten Schritt zu gehen."

„Und mir läuft es gerade kalt den Rücken herunter vor lauter Rührung. Ich bewundere deinen Mut, nicht aufzugeben, liebe Monika", höre ich mich sagen. „Kennt ihr meine zukünftigen Lebenswünsche?", fragt Monika? „Nein", kommt es wie im Chor.

„Ich möchte ein selbstwirksames Leben leben, mir ab und zu einen Theaterbesuch leisten können, meinen Kindern und Enkeln Unterstützung anbieten, und vor allen Dingen möchte ich lange arbeiten. Wenn ich jetzt selbstständig werde, kann ich in meinem Tempo mit Freude arbeiten, damit es noch lange möglich sein wird. Juchhu. Das passt also! Jetzt mache ich zeitnah meine Collage. Danke euch."

„Ich gebe weiter an Sylvia, die mich gerade so toll unterstützt hat. Liebe Sylvia, was tut sich bei dir?"

„Ihr Lieben, schaut mal mein buntes Bild an. Ich konnte gar nicht mehr aufhören, ich verspürte plötzlich so viel Kreativität wie schon lange nicht mehr. An unserem Wochenende im Steigerwald war mir klar geworden, dass meine Geldprobleme ein Spiegel der Wertschätzung und Beziehung zu mir selbst sind. Seitdem habe ich mir meine Sehnsüchte ganz genau angesehen und darf sagen, dass ich mir durch mein Gut-Mensch-Sein erhofft hatte, Wertschätzung und Anerkennung von außen zu erhalten.

Mir fiel es wie Schuppen von den Augen, dass ich mich selbst lieben darf, wie ich bin. Wenn ich dann aufgetankt habe, werde ich die Liebe und die Energie haben, die Welt zum Guten zu ändern. Ein leerer Akku hat keine Energie, die fließen kann. Mich begeistert der Gedanke nach wie vor, anderen helfen zu können, doch stelle ich mich zukünftig an die erste Stelle.

Ich möchte an meinem Finanzhaus arbeiten. Momentan steht da eine ganz alte, zusammengefallene Hütte. Ich stelle mir eine Villa vor, in die ich viele Menschen einladen werde, um mich dann in Gemeinschaft so richtig im Glück zu suhlen.

Dieses Bild, wie wir alle zusammen am Tisch sitzen, genießen und lachen, ist ein Anker für mich und gibt mir die Kraft, mein Finanzleben neu zu justieren. Schaut mal in der Mitte des Bildes dieses wunderschöne Haus mit der Außenküche an. Ich bin es mir wert! Und ich teile dieses Zuhause mit anderen Menschen, die meinen Weg kreuzen und bei denen ich mir sicher bin, dass sie das Gleiche wollen wie ich. Ein neues gemeinschaftliches Miteinander, ein Generationenhaus. Ein Geben und Nehmen unter Jung und Alt. In diesem Haus kann ich meine Werte Liebe, Offenheit, Gemeinsinn und Engagement leben.

Der Plan ist, dass das Haus in einem Jahr projektiert ist und dann Ende des übernächsten Jahres steht. Ich liebe Projektarbeit und finde die richtigen Menschen, die mit mir planen und gemeinschaftlich investieren. Ich möchte das alles von Grund auf gut aufgestellt wissen. Eine agile Architektin kenne ich bereits. Sie ist mir – oh Wunder – erst vor einem Monat über den Weg gelaufen und wir sind gleich zur Sache gekommen. Meine erste Hürde, die zu überwinden ist, ist mein Schuldenabbau. Heute habe ich mehr im Minus als das letzte Mal, weil ich nicht wiederstehen konnte und mich wieder einmal zu einer ziemlich teuren Fortbildung angemeldet habe. In Zukunft werde ich das sein lassen.

Meine Vision ist es, in unserem Generationenhaus Weiterbildungsseminare anzubieten. Bis dahin arbeite ich auf mein großes Ziel hin. Claudia, siehst du Chancen? Vielleicht hast du eine Strategie für mich?“

„Manchmal müssen wir Altes *abschließen*, um Platz für *etwas Neues* zu schaffen. So wie du über deinen Plan sprichst, wird sicher etwas daraus werden. Lass uns zu einem Einzelgespräch zusammenkommen, dann sehen wir uns an, wie wir vorgehen können. Heutzutage gibt es viele Möglichkeiten. So kannst du z. B. die richtigen Menschen finden, die das Projekt unterstützen. Oder du nutzt die Crowd mit dem sogenannten Crowdfunding als Finanzierungsmöglichkeit.“

Sylvia sitzt mit geröteten Wangen vor uns und freut sich so, als wenn ihre gewünschte Zukunft schon greifbar nahe wäre. Neugierig fragt sie: „Was ist Crowdfunding?“ „Beim Crowdfunding investiert nicht ein großer Investor in ein Projekt, sondern viele kleine Investoren steuern Geld bei. Das nennt sich Schwarmfinanzierung. Diese Investoren findest du über eine Crowdfunding-Plattform.“

Es entsteht eine zauberhafte Stimmung, denn es scheint alles möglich zu sein in dieser Energie der Vorfreude, der Bestimmung und der Veränderung.

„Und, Sylvia, wer macht weiter?“ „Ich gebe den Stab an Angelika.“

„Ich habe mich ja schon geoutet“, sagt sie kleinmütig. „Ich lebe an der Armutsgrenze und träume von finanzieller Unabhängigkeit. Ich habe meinen ganzen Mut zusammengenommen und meinen Traum, ein sicheres Leben zu leben, in einer Collage zusammengestellt. Ich möchte für mich und meine zwei Söhne eine sichere Existenz aufbauen und gesundes Essen für uns kaufen können. Ich brauche kein Luxusleben, möchte aber frei sein von zermürbenden Gedanken und von ständigen Existenzängsten.

Seit unserem Treffen habe ich mir viele Gedanken gemacht, woran es wohl liegt, dass ich immer noch angestellt sein muss, weil meine Selbstständigkeit mich nicht trägt. Ich führe so viele Menschen in ihre Berufung, und bei mir selbst schaffe ich es nicht. Mir fehlen Mut und Zuversicht. Meine Gedanken kreisen ständig um mich. Es kommen Überlegungen wie: „Du bist nichts wert“, „was kannst du schon“ und „Schuster bleib bei deinen Leisten“. Ich gehe zwei Schritte nach vorne, und am nächsten Tag wieder mindestens einen zurück.

Mein Vertrauen in das Leben und in meine Person ist gleich Null. Dementsprechend fühle ich mich. Und weil ich dann eben auch entsprechend kleinlaut bin, kann ich Menschen nicht so von meinen Qualitäten überzeugen. Ich kann viel, doch es kommt nicht aus mir heraus. Was kann ich da nur tun? Ich bin wirklich kurz vor dem Verzweifeln.“

„Gut, dass du das erkannt hast, liebe Angelika“, antworte ich ihr. „Dein Visionboard ist ein guter Anfang. So schön kann man deine Zukunft darauf erkennen. Wie wäre es, wenn du dir ganz viel Zeit schenkst und den Dingen nachgehst, die du schon immer tun wolltest? Du bist es dir wert! Immer, wenn die Existenzangst kommt und dir sagt, dass du hart arbeiten musst, weil du ansonsten mit deinen Jungs kein Auskommen hast, sag einfach: ‚Ich bin versorgt. Ich bin es wert und alles wird gut.‘

Und dann – ganz ehrlich – hör auf, dich klein zu denken. Kennst du den Text *Unsere tiefste Angst* von Marianne Williamson? Hier geht es darum, dass wir unsere eigene Größe anerkennen dürfen:

> *Unsere tiefste Angst ist nicht, dass wir unzulänglich sind.*
> *Unsere tiefste Angst ist, dass wir über die Maßen machtvoll sind.*
> *Es ist unser Licht, nicht unsere Dunkelheit, das uns am meisten erschreckt.*
> *Wir fragen uns: Wer bin ich denn, dass ich so brillant, talentiert, fabelhaft sein darf?*
> *Aber wer sind Sie denn, dass Sie es nicht sein sollten?*
> *Sie sind ein Kind Gottes.*
> *Wenn Sie sich kleinmachen, dient das der Welt nicht.*
> *Es hat nichts von Erleuchtung an sich, wenn Sie sich so schrumpfen lassen, dass andere Leute sich nicht mehr durch Sie verunsichert fühlen.*
> *Wir sollen alle so leuchten wie die Kinder.*
> *Wir sind dazu geboren, die Herrlichkeit Gottes in uns zu manifestieren.*
> *Sie existiert in allen von uns; nicht nur in ein paar Menschen.*
> *Und wenn wir unser eigenes Licht leuchten lassen, erlauben wir auch unbewusst anderen Menschen, das Gleiche zu tun.*
> *Wenn wir von unserer eigenen Furcht befreit sind, befreit unsere Gegenwart automatisch auch andere.*

(aus: Marianne Williamson: Rückkehr zur Liebe. 2. Auflage, Überarbeitete Neuausgabe, Goldmann München 2016, S. 201)

Wie wäre es, wenn du diese Worte täglich inhalierst? Aus dieser Erkenntnis wirst du innerlich ruhig. Und aus dieser Ruhe werden Dinge geschehen, die du heute nicht im Geringsten erfassen kannst. Ich habe das in meiner Lebenskrise erlebt. Es kamen unerwartet Menschen auf mich zu, die mir Gelegenheiten anboten, die mich plötzlich auf meinen Weg brachten.

Das wird dich ermutigen, in Zuversicht weiterzugehen. Ich schätze, dass du in einem Jahr voll freiberuflich arbeiten kannst, wenn du ab jetzt für dich sorgst. Parallel dazu bringen wir deine Finanzen in Ordnung, falls du magst."

„Und wie ich will", entgegnet sie. „Und kennt ihr jemanden, der sich mit Marketing auskennt? Das ist meine Schwachstelle."

„Natürlich haben wir *the world best* Marketingfachfrau in unserem Netzwerk", schmunzele ich zurück. „Ich stelle den Kontakt her."

„Liebe Angelika, was machen wir eigentlich mit deinen langfristigen Zielen? Wie möchtest du später leben?"

„Ich möchte möglichst vielen Menschen dienen. Mit dem Learning aus meinem Erfahrungsschatz. Es darf nicht umsonst sein, was ich alles erlebt habe. Frauen können aus meinen Durststrecken und meiner Hartnäckigkeit lernen, niemals aufzugeben. Ich möchte gut leben können, meinen Söhnen nicht zur Last fallen, weiterhin meinen Tanzkurs besuchen, vielleicht die eine oder andere Reise machen und fit bleiben bis ins hohe Alter."

„Das baut mich jetzt richtig auf, dich so zu hören", antwortet Sylvia. „Wir Frauen sind für gewöhnlich emotional stark. Wir wissen tief in uns genau, was wir wollen und bekommen dann auch die Kraft dazu."

„Meine Werte helfen mir dabei. Ich lebe sie seit Jahren: Optimismus und Neugierde, gepaart mit Selbstdisziplin, lassen mich nicht aufgeben. Meine Sehnsüchte Sicherheit und Selbstbestimmung tragen mich vorwärts. Danke für die Einsicht, die ich durch die Vorstellung der Sehnsüchte entdeckt habe. Und nun haben wir noch nichts von dir zu deinen Zielen gehört, Claudia. Erzähl doch mal etwas dazu."

„Wie ihr wisst, möchte ich solange arbeiten, wie ich gesund bleibe, und zwar von unterwegs aus im Camper. Und dafür tue ich einiges. Mein Wunsch ist, an meinem ganzheitlichen Finanzcoaching mit nachhaltigen Geldanlagen dranzubleiben, um Frauen in ein Leben in Selbstwirksamkeit zu führen und möglichst viel Vermögen in weltverändernde Anlagen als Quelle für Freiheit und Enkeltauglichkeit zu lenken.

Ich sehe meine Wirkkraft in Hunderten von Frauen, die sich meiner Vision für eine bessere Welt anschließen. Für mein Alter so ab 75 bzw. 80 Jahren habe ich ein klares Bild. Schon als Mädchen habe ich davon geträumt, als Großmutter mit silbrigem Haar und weißer Rüschenbluse im Schaukelstuhl zu sitzen und Kindern Geschichten zu erzählen. Ob es dann eigene Enkel werden oder andere Kinder, das muss sich noch zeigen. Auf jeden Fall möchte ich der Welt meine Lebens- und Finanzerfahrung weitergeben. Die Welt braucht Menschen, die Geschichten erzählen. Geschichten von einer Welt, in der sich die Menschen unterstützen und sich gegenseitig erheben. Von Menschen, die dankbar sind und aus einer inneren Größe heraus die zahlreichen Herausforderungen der Veränderung der Gesellschaft meistern sowie Lebens- und Menschendienliches aufbauen.

Seit langem verspreche ich mir und dem Leben, als Frau aus dem Vollen zu leben, mich immer weiter zu befreien, um stark sein zu können, meine Berufung mit der Welt zu teilen und meine Stimme zu erheben. Ich möchte mich in Dankbarkeit und Demut voll verschenken und dieses Leben absolut auskosten. Dafür nutze ich die Freude als Kompass. Meine weiteren Werte, nämlich Vertrauen, Freundlichkeit, Glück und Liebe unterstützen mich dabei. Das Erkennen meiner Sehnsüchte Sicherheit und Anerkennung hat mich auf den richtigen Weg gebracht, nachdem ich herausgefunden habe, dass ich mir selbst Wertschätzung geben darf und sie nicht mehr im Außen suchen muss."

Zusammenfassung

Unsere Protagonistinnen zeigen, dass es in der zweiten Lebenshälfte noch gute Chancen für Veränderung gibt. Ihre Geschichten machen Mut. Indem du dir selbst Anerkennung gibst und mit einem guten Moneymindset ausgerüstet von der Vergangenheit über die Gegenwart in deine Zukunft aufbrichst, kannst du dein Leben neu gestalten.

Die Bilanz deines bisherigen Lebens und die Aussichten auf deine Zukunft lassen klar erkennen, warum du selbst der Schlüssel für ein freies und starkes Leben bist. Durch Reflexion deiner Vergangenheit, die gewonnenen Erkenntnisse und Aha-Effekte kommst du dir selbst auf die Spur. So wächst mit wachsender Selbstwirksamkeit die Weitsicht für dein weiteres kostbares Leben. Dieser Wendepunkt ist die Grundlage für deine weitere finanzielle Lebensgestaltung.

Deine finanzielle Situation ist ein Spiegel dessen, was du über Geld glaubst. Außerdem ist Geld der Spiegel der Wertschätzung und Beziehung zu dir.

MEIN HERZENSANLIEGEN: DEIN LEBEN UND DEINE FINANZEN

Inzwischen haben wir schönstes Frühlingswetter. Leider können wir uns immer noch nicht persönlich treffen. Der Corona-Lockdown dauert an. Also verabreden wir uns für ein weiteres Treffen via Zoom. Das ist in diesen Tagen schon zur Gewohnheit geworden. Wie gut, dass wir diese Möglichkeit haben.

Sobald alle online sind, beginne ich: „Bevor wir mit dem nächsten Schritt weitermachen, möchte ich mit euch über euer Reichtumsbewusstsein sprechen. Denn wie ihr bereits wisst: Wie innen so außen! Oft erwarten die Menschen, dass ich ihnen bequeme Tricks zeige, wie sie schnell zu mehr Geld kommen. Doch das wäre, als wenn ihr ein paar Orangen an einen Zitronenbaum klebt und euch dann wundert, warum ihr einige Monate später wieder nur Zitronen erntet.

Das Geheimnis eures Geldwachstums liegt in der Wurzel, und die wächst aus euch! Sie wird gestärkt, wenn ihr den Reichtum eures bestehenden Lebens voll erfasst und feiert.

Wisst ihr, wie gut es euch geht? Der Mensch bewertet negative Emotionen und Befindlichkeiten meist stärker als positive. Wenn ihr euch heute als arm erfahrt, womit vergleicht ihr euch dann? Nehmt euch fünf Minuten Zeit, euch in eurem Leben umzuschauen und alles aufzulisten, was überhaupt nicht selbstverständlich ist: Sauberes Trinkwasser, ein Dach über dem Kopf, Gesundheit, Freiheit, Freunde. Es ist heilsam, euer Augenmerk auf die Entwicklungsländer zu richten und den Unterschied zu unserem Leben zu sehen. Nichts ist selbstverständlich.

Ihr seid viel reicher, als ihr oftmals denkt. Dieses Gefühl wird stärker, wenn ihr aufschreibt, wofür ihr dankbar sein könnt. Habt ihr inzwischen ein schönes Notizbuch besorgt, in dem ihr regelmäßig eure Erkenntnisse vermerkt? Diese Aufzeichnungen sind wie ein Schatzkästchen. Schaut bitte immer dann auf diese Schätze, wenn es euch nicht so gut geht. Bestimmt wird es euch dann gleich wieder viel besser gehen.

Ihr könnt das mit einem täglichen Dankbarkeitsritual verbinden. Am besten schreibt ihr dazu abends mindestens fünf Dinge in euer Notizbuch, für die ihr an diesem Tag dankbar seid. Könnt ihr alleine beim Drandenken schon spüren, wie euch das erhebt?“

„Damit fange ich heute Abend gleich an“, meldet sich Sylvia spontan, und die anderen schließen sich an. „Schön“, sage ich und fahre fort: „Lasst uns hier nochmals die Glaubenssätze erwähnen, um den Glauben, der euch fördert und den Glauben, der zum Wohle aller ist. Es gibt nämlich Wurzelglaubenssätze, die Auswirkungen auf alle Lebensbereiche haben:

Vertraue dem Leben eröffnet ein freieres Leben für mich und daraus auch die Möglichkeit für kühne Visionen.

Ich bin gut und ***Ich bin frei*** sind Potentialbeschleuniger für alle Bereiche des Lebens. Heute kann der erste Tag vom Rest meines Lebens sein, an dem ich mein Recht in Anspruch nehme, an förderliche Dinge zu glauben.“

Da meldet sich Monika zu Wort: „Mir ist seit unserem letzten Treffen klar geworden, wie mich mein Mangeldenken in der Vergangenheit im Griff hatte. Meine Gedanken erzeugten Zukunftsangst und ich ließ mich von der Angst lähmen. Von Zeit zu Zeit brach ich aus meinem selbst gewählten Gefängnis aus und kaufte Freude ein, ohne zu denken. Ich versuchte, meine fehlende Freude mit neuen Kleidungsstücken zu befriedigen. Natürlich ging das schief und riss eine noch größere Lücke in mein Budget.

Doch – *good news* – inzwischen habe ich diesen Teufelskreis erkannt und durchbrochen. Ich darf meiner Angst, die mich hatte erstarren lassen, ins Gesicht schauen. Meine Angst ist das einzige Tor in meinen Gefängnismauern. Ich bin durch alle Ängste gegangen und sehe jetzt weiter.

Seit dem Tod meines Mannes finde ich mich langsam immer besser im Leben zurecht. Dieses Jahr wird spannend, weil ich mein Arbeitsumfeld verändern möchte, wie ihr wisst. Aber seit sich die Angst immer mehr in Vertrauen gewandelt hat, erkenne ich, dass mein verstorbener Mann in weiser Voraussicht meine Versorgung im Alter geplant hatte.

Das konnte ich vor kurzem vor lauter Panik gar nicht sehen. Ich stehe viel besser da, als ich dachte. Schaut mal, was ich für ein buntes Visionboard erstellt habe. Meine neu erwachte Kreativität und Lebensfreude steckt in diesem Werk."

Status Quo: Wie steht es um deine Finanzen? Erstelle einen Haushaltsplan und eine Vermögensbilanz

Schauen wir uns an, wie es mit den Freundinnen weitergeht: „Heute möchte ich mit euch über die Bestandsaufnahme eurer finanziellen Situation sprechen, denn das ist das Fundament für den Aufbau eures Finanzhauses. Was meint ihr?", eröffne ich unser Meeting. Nach allgemeinem Kopfnicken starte ich:

Zuerst solltest du einen Kassensturz machen, als Basis für alle weiteren Schritte. Denn das ist die erste Aktion in Richtung deiner finanziellen Ziele. Eine regelmäßige Prüfung deiner Einnahmen und Ausgaben, also eine Bestandsaufnahme deiner finanziellen Situation, zeigt dir, wie es um deine Finanzen steht.

Dein Haushaltsplan

Gute Erfahrung haben meine Klienten mit einem **Haushaltsbuch**, einer App oder einem Exceltool gemacht. Wer davon überzeugt ist, dass diese Klarheit Sinn macht, setzt das Aufschreiben der Einnahmen und Ausgaben im Alltag ohne viel Aufwand um. Es ist alles andere als langweilig oder lästig. Im Gegenteil, es ist richtig spannend und bringt überraschende Ergebnisse.

Mit einem **Finanzcheck** verschaffst du dir einen Überblick über deine Zahlungsströme. Du lernst mit der Zeit, Konsum aus rein emotionalen Gründen zu vermeiden, überlegst, ob du mit deinem Einkommen zufrieden bist und ermittelst, wie viel Geld du nach Ein- und Ausgang übrig hast. Auf jeden Fall weißt du jederzeit, wo du finanziell stehst und lebst nicht über deine Verhältnisse. Du siehst mit diesem Finanzcheck sofort, wenn du in einem Monat zu viel Geld ausgibst und kannst zeitnah korrigieren.

Für deinen ersten Überblick empfehle ich dir, die letzten drei Monate nach deinen Ausgaben zu durchforsten. Es gibt die fixen und die variablen Kosten. Kriegst du das zusammen? Ansonsten genügt es, zu Beginn die Kosten zu schätzen. In den kommenden Monaten kannst du das genauer machen. Dann sammle bitte während der Woche die Belege deiner Ausgaben und trage sie am Wochenende in deine Liste ein.

Du wirst staunen, was da zusammenkommt. Ich war auch erstaunt, als ich damit begonnen habe. Ein Cappuccino hier, ein Eis dort. Fallen dir Angewohnheiten ein, die ein größeres Einsparpotential haben und wo du den Rotstift ansetzen kannst? Viele kleine Beträge ergeben im Laufe des Monats eine größere Summe.

Am besten gliederst du deine Übersicht in fünf Kategorien:

1. Notwendige Ausgaben wie Miete, Energie, Versicherungen, Nahrungsmittel, Kleidung, Transportkosten, Abos

2. Schuldenrückzahlungen

3. Sparen und Investieren

4. Spenden

5. Weiterbildung und **Freizeitgestaltung** – alle nicht lebensnotwendigen Ausgaben, die dir Freude bereiten

In Zukunft kannst du dir für diese Ausgaben auch ein **Kontenmodell** schaffen. Frag bei deiner Bank nach Unterkonten, oder mach es wie ich und leg für die Positionen Spaß, Weiterentwicklung und Spenden einzelne Gläser an. Andere machen es mit Briefumschlägen. Deiner Kreativität sind hier keine Grenzen gesetzt.

Am Anfang eines jeden Monats teilst du die gewünschten bzw. benötigten Geldbeträge auf die einzelnen Positionen auf. Am besten kennzeichnest du die wirklich lebensnotwendigen Ausgaben auf deiner Liste und identifizierst die Posten, die *nice to have* sind. Überprüfe dann die einzelnen Positionen nach Sparpotential (z. B. liest du vielleicht die eine oder andere abonnierte Zeitschrift gar nicht, oder du könntest von deinem Handyvertrag in einen günstigeren wechseln) und schon bist du bei der Sparrate, die du für ein gutes Leben in der Zukunft verwenden kannst.

Ein Vermögen baust du auf, in dem du weniger ausgibst, als du verdienst und die Differenz investierst. Bevor du Monat für Monat dein Geld in den unüberlegten Konsum steckst, bezahl dich am Anfang des Monats lieber selbst und bring deine Sparrate in einem gesondertem Giro-Unterkonto oder einem Tagesgeldkonto in Sicherheit. Es kommt nicht darauf an, wie viel du verdienst. Viel wichtiger ist es, wie viel du bei dir behältst.

Du kennst sie bestimmt auch: die Menschen, die unglaublich viel Geld verdienen und es im nächsten Atemzug für die unnötigsten Dinge ausgeben. Sei es aus Prestigegründen oder um kurzfristiges Glück zu verspüren. Hast du dich schon mal gefragt, warum so viele Menschen so viele Sachen kaufen, die sie nicht brauchen, von Geld, das sie nicht haben, um Menschen zu beeindrucken, die sie nicht mögen? Die Antwort liegt wieder einmal im inneren Reichtum.

Wenn du deinen Selbstwert kennst und ein glückliches Leben führst, kannst du dieser Falle entkommen. Ja, du bist es wert, dich am Anfang des Monats selbst zu bezahlen. Die Lösung für ein zufriedenes Leben ist es, einen Ausgang aus dem Konsum-Hamsterrad zu finden und dein Geld bewusst zu planen.

Folgende Frage solltest du dir unbedingt stellen: Was ist dir wichtiger, weiterhin im Hamsterrad zu strampeln und das Geld unbewusst durch die Finger rinnen zu lassen oder dich freizuschwimmen? Wenn du dich für die zweite Variante entscheidest, gelingt dein Vermögensaufbau, sobald du deine Ausgaben im Griff hast und dein Geld clever anlegst.

Doch aufgepasst: Spaß muss sein und bitte mit Genuss. Wenn du eine Tasse Kaffee in einem wunderschönen Café genießt, oder dir in einem hochwertigen Restaurant ein Essen vom Feinsten gönnst, so mach das bitte unbedingt weiter.

Fühl dich wie eine Königin. In einer Atmosphäre von Reichtum kannst du schon eine Vision deiner Zukunft schaffen. Am besten vermeidest du unbewussten Konsum, bei dem die Freude zu kurz kommt. Es gehört zum Leben, sich etwas zu gönnen. Du bist es wert. Verwöhn dich ab und zu so richtig und lass es krachen. So kannst du dich im Alltag auch auf diese besonderen Zeiten freuen.

Angelika will es wissen. Sie hat für sich beschlossen, sich dieses Jahr keine Kleidung mehr zu kaufen. Am Anfang war sie sehr streng und gab fast gar kein Geld mehr aus. Mittlerweile hat sie aber einen guten Mittelweg gefunden. So war sie zum Beispiel am Wochenende öfter mit ihren Söhnen unterwegs. Einige Tipps, wie sie ihre Ausgaben im Zaum gehalten hat:

- Ins Museum gehen, aber Familienrabatt verhandeln
- Leckere selbstgeschmierte Brote auf einen längeren Ausflug mitnehmen, anstatt in der Raststätte etwas zu kaufen
- Öfter mal in einer Ferienwohnung selbst kochen, wenn man mehrere Tage unterwegs ist

Was hat Angelika sonst noch für sich umgesetzt? Sie gibt heute ihr Geld bewusster aus als früher und überlegt auch länger, ob sie gewisse Dinge wirklich braucht.

Sie weiß auch, dass sich Menschen mit Einkäufen Freude oder Glück kaufen möchten. Doch das währt nur von kurzer Dauer. Indem sie immer bewusster lebt und ihre Freude im Inneren genießt, braucht sie diesen übertriebenen Konsum nicht mehr. Sie plant ihre Ausgaben oder überlegt ein paar Tage, bevor sie das Objekt ihrer Begierde kauft. Wenn der Wunsch nach zwei bis drei Tagen immer noch in ihr schlummert und sie sich sicher ist, dass es sich um eine sinnvolle Ausgabe handelt, dann kauft sie es.

Sie hat auch weitere Tricks für sich entdeckt, wie sie besser sparen kann:

Anders als vorher, als Angelika am Ende des Monats nachsah, wie viel Geld noch zum Sparen übrig war, zweigt sie jetzt direkt zu Beginn des Monats einen vorab festgelegten Betrag ab. Ist am Ende des Monats nichts mehr da, wird eben nichts mehr ausgegeben. So einfach kann es sein. Falls aber doch noch eine dringende Ausgabe ansteht, nimmt sie ihren „Notgroschen“.

Doch nun weiter mit deinem Haushaltsplan: Beim Einkommen wird es einfacher. Bitte trage alle Nettoeinnahmen in deine Liste ein.

Hast du die Einnahmen und Ausgaben erst einmal sauber notiert, ist der letzte Schritt ganz einfach: Du ziehst deine Fixkosten und deine variablen Kosten von deinen Gesamteinnahmen ab.

Ergebnis: dein Sparbetrag

Bist du bereit? Dann geht es los!

Dein Sparbetrag sollte mindestens 20 Prozent deines Einkommens betragen, falls du als **Angestellte** im Sozialversicherungssystem schon einen Teil deiner Rente aufbaust. Wenn du also 2.500 € Nettoeinkommen hast, sollte dein Sparbetrag bei 500 € liegen. Falls du das nicht schaffst, solltest du deine Ausgaben auf den Prüfstand stellen oder versuchen, mehr zu verdienen.

Wenn du dich fragst, ob deine **Kosten** im Rahmen liegen, gibt es eine einfache Regel: Wenn es irgendwie geht, solltest du nicht mehr als 40 bis höchstens 50 Prozent deines Einkommens für essentielle Dinge wie Miete, Versicherungen, Verkehr und Nahrungsmittel ausgeben. 10 bis 20 Prozent des Einkommens stehen für deinen persönlichen Lebensstil zur Verfügung. also für Schuhe, Kleidung, Ausgehen, Fitnessstudio, usw. Mindestens weitere 20 Prozent legst du als Sparbetrag zurück: je nach Situation für deine Liquidität, für deine Altersvorsorge und für deinen Vermögensaufbau. Falls du Schulden zurückzahlen musst, solltest du die Hälfte vom Sparbeitrag dafür verwenden, die andere Hälfte aber zurücklegen.

10 Prozent gehen auf ein Weiterbildungskonto, denn die wichtigste Investition ist die in dich selbst. Warum? Weil ich keine Investition kenne, bei der Risiko und Nutzen in einem so krassen Verhältnis stehen.

Investiere in Wissen und in dein Wachstum. Spare bei allem, aber nicht bei deiner Bildung bzw. deiner Persönlichkeitsentwicklung. Deshalb empfehle ich dringend, am Anfang des Monats 10 Prozent deines Einkommens für Weiterbildung wegzulegen.

Weitere 10 Prozent zu spenden bringt dir viel Freude, weil du einen Unterschied im Leben von Menschen machen kannst. Ich persönlich unterstütze eine Schule in Uganda, weil ich weiß, dass Bildung in Afrika die Situation vor Ort zum Besseren verändern kann. Wer weiß denn, ob ein von mir unterstütztes Kind nicht später das Leben von vielen anderen Menschen positiv beeinflussen wird?

Man sagt: Menschen, die einen Teil ihres Einkommens für andere verwenden, fühlen sich glücklicher als Menschen, die mehr für sich selbst ausgeben. Die Korrelation zwischen Glücksgefühl und Spenden ist durch Studien bestätigt worden. Woran liegt das? Geld zu spenden führt dazu, positive Emotionen zu spüren und mit dem eigenen Leben zufriedener und glücklicher zu sein.

Wenn es mit den veranschlagten 10 Prozent Spenden anfangs noch nicht klappt, nimm dir stattdessen vor, einen Euro pro Tag, sprich sieben Euro pro Woche für einen anderen Menschen auszugeben. Du wirst sehen: In der Tat macht Gutes tun glücklicher als jedes materielle Gut, das du dir kaufen kannst. Probier es gerne aus.

Hier noch einmal die Verteilung der Kosten im Überblick:

- 40-50 % für Fixkosten und notwendige Ausgaben
- 10-20 % persönlicher Lebensstil
- 20 % Sparbetrag und Schuldenrückzahlungen
- 10 % Weiterbildung
- 10 % Spenden

Wenn du einen **Überblick über deine Finanzen** gewinnen willst, sichte bitte vorzugsweise alle deine Verträge. Du identifizierst auf diesem Weg ebenso überflüssige oder zu teure Versicherungen bzw. Verträge, die den geforderten Leistungen nicht entsprechen. Das ist wiederum Einsparpotential und erhöht deine Sparrate. Wie hört sich das an?

„Ja, so etwas habe ich mir schon immer gewünscht", erwidert Jutta. „Doch es ist beim guten Vorsatz geblieben. Gut, dass du uns wieder erinnerst, Ordnung in unsere Finanzen zu bringen. Klärung ist ein guter Ausgangspunkt für unsere Reise zur finanziellen Unabhängigkeit.

Jede Veränderung beginnt mit einer Analyse der Situation und einer klaren Entscheidung: Akzeptanz oder Änderung der Gegebenheiten."

Die anderen nicken. „Und vergiss nicht, mindestens genauso wichtig ist die Überprüfung deiner Einstellung zu dir und zu deinem Geld. Ich bin davon überzeugt, dass die jeweilige finanzielle Situation ein Spiegel dessen ist, wie du dich wertschätzt und was du über das Leben und über dein Geld glaubst."

Deine Vermögensbilanz

Hast du bereits Verträge für deinen Ruhestand abgeschlossen? Dann wäre es wichtig, eine Ruhestandsbilanz aufzustellen. Dazu gehören: die gesetzliche Versorgung, die privaten Verträge, Immobilien und auch ein Gespräch mit den Eltern über das zu erwartende Erbe.

Manch eine hat schon ein paar Zahlen in den Wunschrentenrechner eingetippt und danach geschockt festgestellt, wie groß die eigene Rentenlücke nach Abzug von Steuer und Sozialversicherung und auch nach Inflation tatsächlich ist. Diese Ruhestandsbilanz kann die Augen öffnen und ermächtigt zum Handeln.

Die Bertelsmann-Stiftung hat Mitte Juni 2017 eine Studie zur zukünftigen finanziellen Situation der Rentner veröffentlicht.[1] Demnach steigt bis 2036 die Gefahr, bei Renteneintritt mit 67 Jahren arm zu sein, von 16,2 Prozent auf über 20 Prozent. Jede fünfte Rentnerin bzw. jeder fünfte Rentner hätte dann weniger als 60 Prozent des Erwerbseinkommens in Deutschland zur Verfügung.

Alleinstehende Frauen sind dabei mit zu erwartender Risikowahrscheinlichkeit von 27,8 Prozent stärker betroffen als Männer. Die Autoren der Studie sehen die wesentlichen Ursachen für die Steigerung des Armutsrisikos in der Veränderung der Arbeitswelt, also in Teilzeitjobs, Minijobs, brüchigen Erwerbsbiographien oder spätem Berufseinstieg. Außerdem spielt die demographische Entwicklung, also die Alterung der Gesellschaft hier mit hinein. Immer weniger Erwerbstätige müssen die gesetzliche Rente der älteren Generation zahlen.

1 www.bertelsmann-stiftung.de/de/themen/aktuelle-meldungen/2017/juni/wandel-der-arbeitswelt-laesst-altersarmut-steigen/

Bitte lass den Kopf nicht hängen. Wenn du dich um deine Rentenversorgung kümmerst und das Thema nicht verdrängst, gibt es immer eine Lösung.

Einige von euch sind **Selbstständige** oder auf dem Weg dahin. Ihr solltet die ca. 20 Prozent, die Arbeitgeber und Arbeitnehmer zu gleichen Teilen für Lohn- und Gehaltsempfänger in die gesetzliche Rentenversicherung einzahlen, zusätzlich zu den bisherigen Sparraten selbst aufbringen. Entsprechend hoch ist in einem Businessplan die persönliche Versorgung mit einzuplanen.

Für die Zukunft plant die Bundesregierung die Sozialversicherungspflicht für alle Selbstständigen, doch noch ist es nicht soweit. Leider lebt heute eine Vielzahl von Freiberuflern von der Hand in den Mund und sorgt kaum für das Alter vor. Dieser Betrag ist genau wie die Steuer und die weiteren Kosten in deinen Finanzplan mit einzukalkulieren.

Angelika fand durch einen Rentenrechner heraus, wie viel sie sparen muss, um zu gegebener Zeit die gewünschte Ruhestandsversorgung zu erreichen. Ihre erste Reaktion nach Sichtung der Zahlen war: „Das bekomme ich nicht hin!" Nach dem ersten Schock konzentrierte sie sich darauf, kleine Schritte zu gehen. Einen nach dem anderen. Zuerst legte sie einen kleinen Teil des Betrags zurück, den sie für ihre Altersversorgung brauchte. Diesen Betrag steigerte sie Monat um Monat. Einige Zeit später konnte sie den Sparbetrag auf 20 Prozent ihres unternehmerischen Gewinns aufstocken, weil sie sich entschieden hatte: Sparen ist keine Option, sondern ein Muss.

Ich rate dir, für deine **Vermögensbilanz** einen ganzen Tag zu reservieren. Wie wäre es an einem grauen Novembertag mit einer Tasse gutem Tee? Er wird der erste Schritt auf dem Weg in deine finanzielle Freiheit sein!

Trage alle deine Unterlagen, die deine privaten Finanzen betreffen, zusammen und breite sie vor dir aus.

Dann teile sie in **zwei Stapel** auf:

Auf den **ersten Stapel** kommen alle Unterlagen, bei denen du schon einen Durchblick hast, also Konten, Verträge, Angebote, usw. Dazu gehören auch Versicherungsscheine, Vertragsbedingungen von Versicherungen, Hochrechnungen, Auszahlungsbeträge.

Auf den **zweiten Stapel** legst du alle Unterlagen, deren Verwendungszweck dir nicht so klar ist. Du weißt also nicht, was diese für dich und deine Zukunft bedeuten und du hast Fragen dazu. Hier geht es z. B. um Bankkonten, bei denen du die momentanen Zinsen bzw. Renditen nicht kennst, oder Konten, deren Abläufe in 10 oder 20 Jahren nicht bekannt sind. Das gilt auch für Verträge, bei denen du die Vertragsbedingungen und die Kosten nicht im Blick hast. Und vielleicht hast du einen Bausparvertrag, bei dem du keine Ahnung hast, wann er abläuft bzw. welche Möglichkeiten du mit ihm hast?

Auf diesen Stapel gehören unbedingt auch die Freistellungsaufträge. Hast du sie richtig bei den verschiedenen Instituten verteilt? Zu beiden Stapeln kannst du dich fragen, was mit deinem Geld geschieht. In welche Geldanlagen fließt es?

Mit dieser einfachen Methode spürst du, ob du verantwortlich mit deinem Geld umgegangen bist. Du verlierst mit der Zeit den übertriebenen Respekt vor deinen Geldgeschäften und legst von nun an so richtig los. Es ist letztendlich sehr einfach, wenn du einmal gestartet bist und dich um Finanzwissen bemühst. Und das bringt dir wiederum die Motivation, deinen Finanzen in Zukunft den Platz zu geben, der ihnen zusteht: Dein Geld ist das wichtigste Mittel, um deine Wünsche zu erfüllen und deine Ziele zu erreichen!

Zu den Unterlagen, die du auf die zwei Stapel verteilen solltest, gehören auf jedem Fall:

- Bankverträge
- Depots
- Bausparverträge
- Vermögenswirksame Leistungen
- Sachversicherungen
- Lebens- und Rentenversicherungen
- Unternehmerische Beteiligungen
- Darlehen

Habt ihr euren Tag für die Vermögensbilanz schon in eurem Kalender eingetragen? Manche Dinge werdet ihr für euch klären können, bei anderen gibt es Fragen, und bei einigen werdet ihr vielleicht Hilfe brauchen.

Lasst diesen Check zur Gewohnheit werden. Zuerst ist es lästig. Wenn ihr euch entscheidet, was ihr selbst schafft und euch erkundigt, von wem ihr für den Rest der Aufgaben Unterstützung bekommt, seid ihr wieder einen Schritt weiter.

Doch denkt dran, ihr macht euch auf zu neuen Ufern. Wenn ihr andere Früchte ernten wollt, müsst ihr zuerst etwas an den Wurzeln verändern.

Finanztest

Führe doch bitte für dich den folgenden Finanztest durch, um festzustellen, wie es im Bereich „Verdienst, Rücklagen, Geldbewusstsein" wirklich um dich steht. Bereit? Dann starte jetzt!

1. Wie bewertest du dein derzeitiges Einkommen?

- ☐ Sehr gut
- ☐ Befriedigend
- ☐ Ausreichend
- ☐ Schlecht
- ☐ Wie willst du es verbessern/verändern?

....

2. Wie beurteilst du dein Nettovermögen?

- ☐ Sehr gut
- ☐ Befriedigend
- ☐ Ausreichend
- ☐ Schlecht
- ☐ Wie willst du es erhöhen?

....

3. Wie bist du mit deinen Geldanlagen und deren Renditen zufrieden?

- ☐ Sehr gut
- ☐ Befriedigend
- ☐ Ausreichend
- ☐ Schlecht

- ☐ Was möchtest du unternehmen?

....

4. Wie ist dein Wissen über Geld?

- ☐ Sehr gut
- ☐ Befriedigend
- ☐ Ausreichend
- ☐ Schlecht
- ☐ Wie kannst du dein Wissen erweitern?

....

5. Wie ist deine Bestandsaufnahme/dein Kassensturz ausgefallen?

- ☐ Sehr gut
- ☐ Befriedigend
- ☐ Ausreichend
- ☐ Schlecht
- ☐ Was kannst du ändern und mit wem?

....

6. Wie viel Prozent deines Einkommens kannst du sparen?

- ☐ 30 %
- ☐ 20 %
- ☐ 10 %
- ☐ nichts oder fast nichts
- ☐ Wie kannst du deine Sparrate erhöhen?

....

7. Spendest du regelmäßig Geld?

- ☐ Ja
- ☐ Nein
- ☐ Möchtest du das ändern? Wohin könnte deine Spende fließen?

....

8. Glaubst du, dass du es verdienst, reich zu sein?

- ☐ Ja
- ☐ Nein
- ☐ Darüber habe ich mir noch keine Gedanken gemacht
- ☐ Warum meinst du, dass du es verdienst?

....

9. Wie viele Monate könntest du von deinen Ersparnissen auf deinem jetzigen Niveau weiterleben, ohne einen weiteren Euro zu verdienen?

....

10. Wie wäre es, wenn die nächsten zehn Jahre deines Lebens (in Bezug auf Einkommen und Reichtum) genauso verlaufen würden wie die letzten zehn Jahre?

- ☐ Ja, das wäre gut
- ☐ Nein, ich möchte es ändern
- ☐ Hast du Ideen, wie du deine Situation ändern kannst?

....

11. Wie würdest du deine jetzige finanzielle Situation beschreiben?

- ☐ Sehr gut
- ☐ Befriedigend
- ☐ Ausreichend
- ☐ Schlecht

12. Wie bewertest du deine gesamte finanzielle Situation, nachdem du diese Fragen beantwortet hast?

- ☐ Sehr gut
- ☐ Befriedigend
- ☐ Ausreichend
- ☐ Schlecht

13. Wie fühlst du dich jetzt, nachdem du die Fragen beantwortest hast?

- ☐ Sehr gut
- ☐ Befriedigend
- ☐ Ausreichend
- ☐ Schlecht
- ☐ Was kannst du tun, um dich besser zu fühlen?

....

....

....

Richtiges Sparen

Bei einem weiteren virtuellen Treffen erfahren die Frauen, wie sie finanziell unabhängig werden können. Es geht nämlich im Kern um nur vier Dinge:

1. Geld nicht ausgeben

2. Budgetieren

3. Durch Finanzwissen Angst vor dem Investieren verlieren

4. Dafür sorgen, dass es von alleine mehr wird

Claudia referiert nach einer kurzen Begrüßung:

Ihr Lieben, heute wollen wir uns den vier Punkten des richtigen Sparens zuwenden. Zuerst geht es um die Priorität, die du der rechtzeitigen Planung deiner Finanzen, deines Vermögensaufbaus und deiner Ruhestandsversorgung einräumst. Deshalb sorge bitte durch vernünftige Haushaltsplanung zuerst für ein finanziell gesundes Fundament.

In dem Moment, in dem du anfängst, dir deine Kosten aufzuschreiben, fängt die Veränderung deines Mindsets an. Wie du schon erfahren hast, frage dich vor allem, ob die einzelnen Ausgaben wirklich nötig sind. Vergiss nie die Macht der geringen Kosten, wenn du finanzielle Freiheit erreichen willst.

Diese Formel hinter der persönlichen Unabhängigkeit solltest du dir aufschreiben:

Gib weniger Geld aus, als du verdienst und investiere die Differenz gewinnbringend.

In dem Moment, in dem du mehr verdienst als du ausgibst, kannst du Schritt um Schritt in ein unabhängiges Leben starten.

Welche Erfahrungen hast du denn mit dem Kontomodell gemacht? Hast du schon eine Lösung gefunden, wie du neben den Ausgaben des täglichen Bedarfs verschiedene Töpfe für Bildung, Spaß, Spenden und natürlich Sparanlagen aufteilst? Gerne helfe ich dir dabei, deine individuelle Aufteilung zu finden.

Und wer von euch hat bisher ein Sparschwein bespart? Wer von euch sammelt die 5 €-Geldscheine, die im Geldbeutel landen und freut sich so, nach einiger Zeit über einen beträchtlichen Betrag zu verfügen?

Ein reger Erfahrungsaustausch entsteht. Die Frauen sind mit leuchtenden Augen voll und ganz dabei.

Und jetzt wird's richtig spannend. Wie du bereits weißt, ist es heute dringender denn je, Geldwissen zu besitzen, um die Angst vor Geldanlagen zu verlieren. Wenn dein Geld auf dem vermeintlich sicheren Bankkonto liegt, erhältst du nicht einmal die Zinsen für den Inflationsausgleich. Und so ist es in unserer heutigen Zeit angebracht, ein gewisses Risiko einzugehen, um die jeweiligen finanziellen Lebensziele zu erreichen. Dazu brauchst du etwas Finanzwissen.

Wenn du das Risiko, das du eingehst, verstehst und weißt, wie man dieses Risiko so sicher wie möglich umschifft, dann wirst du auch mit deinem Vermögensaufbau starten und daran Freude finden. Es fällt dir dann wie Schuppen von den Augen, dass es heute ohne Investieren nicht gehen kann.

Geld kann also nicht auf einem Bankkonto für dich arbeiten, denn dort vermehrt es sich nicht. Wir fühlen uns mit diesem traditionellen Sparen zwar sicher, doch du kannst mit langfristigen Bankspareinlagen nicht vom Zinseszins profitieren, der dein Erspartes vermehrt und vermehrt und vermehrt.

Als Frau reich zu werden sieht anders aus! Doch Vorsicht, eine gewisse Liquidität von ca. 3.000 € als Rücklage für flexible Geldausgaben sollte in Reichweite auf deinem Bankkonto liegen. Die Waschmaschine kann immer mal kaputt gehen oder es steht eine plötzliche Autoreparatur an. Für deine mittel- und langfristigen Sparvorgänge brauchst du jedoch eine Anlageform, bei der du höhere Renditen erhältst. Die renditestärkste Form der Anlage ist laut Bundesbank weiterhin die Aktie: Seit 1991 brachten Aktien durchschnittlich eine jährliche reale Rendite von acht Prozent ein. Und nun kommt's: Wenn irgend möglich, zahlst du 10 bis 20 Prozent deines Einkommens auf verschiedene Sparvorgänge ein. Damit nutzt du das achte Weltwunder, wie Albert Einstein sagte, den Zinseszins.

Doch bitte kein Frust, wenn es nicht von Beginn an funktioniert. Aufgeben ist keine Lösung. Wenn du heute keine Sparrate hast und in einem Jahr z. B. 500 € monatlich ansparen möchtest, musst du deine Ausgaben einschränken oder eine weitere Einkommensquelle aufbauen. Vielleicht kannst du deinen Chef überzeugen, dass deine Arbeit mehr wert geworden ist, weil du dich persönlich weitergebildet hast. Oder du steigerst deinen Gewinn als Selbstständige, weil du deinen Tagessatz um 20 % steigerst.

Wir denken beim Thema Sparen oft zu kurzfristig und unterschätzen kleine Beträge. 50 Euro über Monate und Jahre summieren sich. Du kannst gut mit einem kleinen Betrag starten und ihn dann hochschrauben. Wenn du einmal Sparpotenziale entdeckt hast, kannst du die monatliche Sparrate jederzeit aufstocken. Wenn du anfängst, deine Denk- und Handlungsweisen zu ändern, kannst du Wunder erwarten. Hier ein Beispiel:

Angenommen, du kaufst dir jedes Jahr fünf Paar neue Schuhe zu jeweils 100 Euro. Du gibst also 500 Euro pro Jahr für Schuhe aus. Brauchst du diese Schuhe wirklich oder reicht dir ein neues Paar pro Jahr? Lass uns kurz rechnen:

- anstatt 500 Euro gibst du jährlich also nur noch 100 Euro für Schuhe aus

- die gesparten 400 Euro investierst du

- das machst du die nächsten 15 Jahr lang

- am Ende hast du knapp 12.000 Euro

Ja, du hast richtig gelesen:

Wenn du die nächsten 15 Jahre jährlich 400 Euro investierst und die Annahme greift, dass Aktien auch in den nächsten 15 Jahren wieder eine durchschnittliche reale Rendite von 8 Prozent abwerfen, werden aus deinen 400 Euro knappe 12.000 Euro. Glaubst du mir nicht? Dann rechne es selbst nach: www.zinsen-berechnen.de

Natürlich bist du mit 12.000 Euro im Depot noch nicht reich. Das Ergebnis ist nicht garantiert, die Ergebnisse sind vor Kosten und Steuern und variieren je nach Anlageform. Aber verinnerliche noch einmal die Fakten: Alles, was du tun musst, um aus 400 Euro in 15 Jahren fast 12.000 Euro zu machen, ist Investieren und weiter nichts tun. Nichts tun, weil du dieses Geld passiv investierst – mit geringen Kosten und kalkulierbarem Risiko. Es kann zwischendurch immer wieder Minusjahre geben. Die Kunst besteht darin, dass du dein Geld in negativen Börsenzeiten nicht benötigst. Es handelt sich dann um sogenannte *Buchverluste*. Nur wenn du zu schlechten Börsenzeiten über dein Vermögen verfügen möchtest, erzeugst du *Realverluste*.

Die Frage ist also, ob du ruhig schlafen kannst, wenn über einen gewissen Zeitraum der Sturm tobt und du auf deinem jederzeit einsehbaren Depot plötzlich weitaus weniger Geld siehst, als du einbezahlt hast. Da solltest du dich zurückzulehnen und dir klarmachen, dass es diese Phasen schon immer gegeben hat. Solange unsere Wirtschaft funktioniert, wird es ähnlich wie beim Wetter nach einem Tief wieder ein Hoch geben. Und der Durchschnittszins (in Finanzsprache Cost-Average Effekt) bei monatlichen Sparraten wird eben bei Aktienfonds auf Dauer bei den ca. 8 Prozent Zins liegen.

Natürlich gibt es noch andere Anlageformen (Assets). Je weniger Risiko du eingehst, desto geringer ist die Renditeerwartung. Sicherheit kostet also Rendite. Die größte Sicherheit, die wir heute haben, ist die Risikostreuung (Diversifikation). Je nach Anlegerinnenmentalität und Anlagehorizont wären diesbezüglich entsprechende Entscheidungen zu treffen. Genaueres dazu findest du im Kapitel *Geldanlage heute*.

Einige Beispiele:

Wenn du das Geld nicht jährlich, sondern monatlich investierst, dann könntest du mit folgenden Sparraten entsprechende Ergebnisse erwarten. Weitere Beispiele kannst du selbst auf der Seite www.zinsen-berechnen.de berechnen.

Monatliche Sparrate	**Spardauer**	**Ablauf (in €) bei 8 %**
200,--	15	67.988,89
200,--	20	114.587,96
400,--	15	135.977,79
400,--	20	229.175,92
800,--	15	271.955,57
800,--	20	458.351,83

Monatliche Sparrate	Spardauer	Ablauf (in €) bei 4 %
200,--	15	49.097,84
200,--	20	73.015,85
400,--	15	98.195,67
400,--	20	146.031,70
800,--	15	196.391,35
800,--	20	292.063,39

Weitere Modelle:
Zinseszinseffekt bei einer Sparrate von monatlich 100 €
Laufzeit 10 Jahre:

Bei 2 %	13.282,01 €
Bei 3 %	13.980,20 €
Bei 5 %	15.502,25 €
Bei 7 %	17.208,39 €

Laufzeit 20 Jahre

Bei 2 %	29.472,71 €
Bei 3 %	32.768,42 €
Bei 5 %	40.753,79 €
Bei 7 %	51.059,89 €

Laufzeit 30 Jahre

Bei 2 %	49.209,08 €
Bei 3 %	58.018,22 €
Bei 5 %	81.885,88 €
Bei 7 %	117.650,91 €

Laufzeit 40 Jahre

Bei 2 %	73.267,61 €
Bei 3 %	91.951,84 €
Bei 5 %	148.885,72 €
Bei 7 %	248.645,53 €

Die Sparraten für Laufzeiten von 15 und 20 Jahren solltest du höher wählen, denn in der Lebensmitte ist wegen der kürzeren Anlagedauer und dem daraus resultierend kürzeren Zinseszinseffekt mehr Einsatz nötig, um ein entsprechendes Kapital zu erwirtschaften. Doch keine Angst, auch Kleinvieh macht Mist.

Und wie schon ausgeführt, können wir durch Budgetierung und Durchforsten der Finanzen einiges erreichen. Und last not least hat jeder Mensch wertvolle Talente.

Gerade wir Frauen können mit unserer Lebenserfahrung aus so vielen Lebensperspektiven heraus punkten und uns durch eine nebenberufliche Selbstständigkeit, durch Umsatzwachstum als Unternehmerin oder durch Verdeutlichung unseres Wertes bei unseren Vorgesetzten Vorteile verschaffen.

Mein Tipp

Begeistere deine Kinder für dieses Weltwunder, so können sie ihre Ziele mit Leichtigkeit erreichen. Und: Je länger du sparst, desto mehr Risiko können deine Investitionen vertragen.

Monatliche Sparrate	**Spardauer**	**Ablauf (in €) bei 8 %**
100,--	30	141.830,58
100,--	40	324.338,76

Monatliche Sparrate	**Spardauer**	**Ablauf (in €) bei 4 %**
100,--	30	68.760,13
100,--	40	116.501,28

Ja, das ist toll! Hier erkennst du den Zinseszinseffekt deutlich. Und du kannst mit diesen Zahlen auch nachvollziehen, warum es wichtig ist, Finanzwissen zu erwerben und eigene Zeit für die Beschäftigung mit deinen Finanzen oder in Coachingstunden zu investieren.

Zusätzlich befeuerst du deinen Sparwillen, indem du dich immer wieder an dein Ziel erinnerst, ein unabhängiges und selbstbestimmtes Leben zu leben. Stell es dir immer wieder vor. Fühl dich schon heute angekommen. Und so fällt es dir leicht, heute auf das eine oder andere zu verzichten.

Du katapultierst dich aus einem Leben im Mangel in ein Leben in Fülle. Wenn das kein starker Grund ist, zumal du mit deinen Zukunftsaussichten heute schon ein bewusstes und glückliches Leben führen kannst. Und das wiederum bestärkt dich in all deinem Tun.

Ihr bringt schon von ganz alleine die besten Voraussetzungen mit, um vermögend zu sein: Ihr seid Frauen!

Frauen gelten in Sachen Aktieninvestments als besonnen. Während Männer sich öfter überschätzen, halten Frauen Aktien länger, anstatt viel hin und her zu verkaufen, was jedes Mal Gebühren kosten und daher die tatsächliche Rendite ungemein schmälern kann.

Beim Wiedereinstieg trifft man in der Regel auch nicht den richtigen Zeitpunkt. In Krisen investiert zu bleiben hat sich als erfolgreiche Strategie erwiesen. Als Frau reich zu werden ist also – in der Theorie zumindest – gar nicht so schwierig. Ihr habt die optimalen Voraussetzungen schon in den Genen.

Die drei Hebel für ein freies und starkes Leben sind also: Geld verdienen, Geld sparen und Geld investieren.

Wenn diese drei Schritte aufeinander abgestimmt sind, um eure Ziele zu erreichen, habt ihr ein gutes Fundament gelegt.

Zusammenfassung

Reich wird man nicht durch das, was man verdient, sondern durch das, was man nicht ausgibt .
(Henry Ford)

Eine Bestandsaufnahme der finanziellen Situation ist das Fundament für den Aufbau deines Finanzhauses. Die drei Hebel für ein freies und starkes Leben sind: Geld verdienen, Geld sparen und Geld investieren. Deine finanziellen Ziele erreichst du, wenn diese drei Schritte aufeinander abgestimmt sind.

Eine regelmäßige Einnahmen- und Ausgabenprüfung, also ein Haushaltsplan, zeigt dir, wie es um deine Finanzen steht. Hast du erst einmal eine Sparrate herausgefunden, steht dem Sparen für ein selbstbestimmtes Leben nichts mehr im Wege.

Geordnete Finanzen und Finanzwissen vermeiden Altersarmut und garantieren ein Leben in Wohlstand und Fülle.

MEIN HERZENSANLIEGEN: DEINE ZIELE UND DEIN WEG DAHIN

Über persönliche Ziele haben wir schon an unserem Wochenende im Steigerwald gesprochen. Angelika, du hattest dir das Thema explizit gewünscht. Es ist ganz simpel: Wenn du kein Ziel hast, kannst du es auch nicht erreichen. Möchtest du alles daransetzen, deine Ziele zu erreichen? Schon Mark Twain (1835-1910) sagte:

Wer nicht weiß, wohin er will,
muss sich nicht wundern, wo er rauskommt.

Bitte frage dich: Was möchtest du bis zu einem Datum x zur Erfüllung deiner Ziele erreicht haben?

Wünschst du mehr Geld für einen schönen Urlaub, möchtest du weniger arbeiten oder früher in Rente gehen? Möchtest du deine Kinder unterstützen oder etwas Gemeinnütziges fördern? Alle diese Wünsche haben mit Geld zu tun.

....

bis ....

....

bis ....

....

bis ....

Möchtest du eine gute Ruhestandsversorgung oder ein gewisses Kapital ansparen?

....

bis ....

....

bis ....

Wovon träumst du in der weiteren Zukunft (10-25 Jahre)?

....

bis ....

....

bis ....

....

bis ....

....

bis ....

....

bis ....

Neben einem vernünftigen Umgang mit deinem Geld gehört zur Errreichung eines Ziels ebenso, dass du Gewohnheiten ablegst, die dich abhängiger machen anstatt freier. Was könnte das bei dir sein? Ist es eine plötzlich auftretende Konsumattacke für einen kurzfristigen Glücksrausch oder als Ersatz für ein reiches Leben voller Freude und Lebensenergie?

Du kommst dir auf die Spur, wenn du dich wahrnimmst, dich zu dieser Situation bekennst und diese dann mit der Aussicht auf ein bewusstes Leben im Wohlstand verabschiedest.

In deinem Tagebuch hast du Platz zum Eintragen der einen oder anderen gewonnenen Schlacht, die zu mehr Selbstbestimmung führte. Bei einem Rückfall kannst du dir in diesem Buch Mut für dein weiteres Leben holen. Aufgeben ist nicht erlaubt, denn du hast es ja schon bisher geschafft.

Mir hat mal jemand gesagt, dass man sich Ziele setzen und verfolgen so vorstellen kann wie eine lange Autofahrt bei Nacht. Du gibst dein Ziel in dein Navi ein und fährst los. Das klingt vielleicht banal, ist aber das Entscheidende.

Du solltest dein Ziel kennen, das du erreichen möchtest, und dann machst du den ersten Schritt auf dem Weg zu diesem Ziel. Auf der Fahrt kann es vorkommen, dass du mal eine Pause einlegst, zu früh abbiegst oder einfach mal die Aussicht genießen willst. Dein Navi bringt dich liebevoll und ganz bewertungsfrei immer wieder zurück auf den Weg zu deinem Ziel.

Das ist also die zweite wichtige Komponente dabei: Einfach mal genießen – ganz frei und ohne Zwang. Du entscheidest das Tempo. Und während du fährst, kann es sein, dass du dein Ziel noch nicht sehen kannst. Die Scheinwerfer lassen dich bei Nacht nur einige Meter weit blicken, aber je weiter du fährst, desto mehr siehst du, bis schlussendlich dein Ziel im Licht der Scheinwerfer zu erkennen ist. Manchmal siehst du auch eine Kurve und hinter ihr nichts weiter. Und das ist auch ein Schlüssel zum Ankommen: Geduld und Vertrauen.

Wie wäre es also, ab heute mit so richtig verrückten, großen Zielen zu starten? Es geht schließlich darum, zu wachsen und dir größere Ziele zu erlauben. Immer wieder. Und vor allem geht es darum, wer du auf dem Weg sein willst. Welche neue Version von dir möchtest du sein? Wohin wächst du, wenn du lernst, ausprobierst und neuen Zielen folgst?

Mit dem Geld ist es wie mit der Kindererziehung: Du kannst nicht Kinder in die Welt setzen und abwarten, was passiert. Du musst dich um sie kümmern. Du übernimmst Verantwortung für deine Kinder und kümmerst dich um die richtige Nahrung, die Windeln, Spielsachen und sorgst dich bei Krankheiten. So wächst das Baby und macht dir Freude.

Du bringst deinem Kind bei, worauf es achten muss, welche Gefahren es gibt. Wenn dein Kind hinfällt, weint es und steht vorsichtig wieder auf. Dein Kind macht dir Freude, ab und zu weichen Wolken dem Sonnenschein.

Und genauso ist es mit deinem Geld. Ich beobachte, dass Menschen, die sich mit ihrem Geld auseinandersetzen, viel mehr Freude damit haben. Beim Geld muss man Grundregeln beachten, die uns aber so gut wie niemand beigebracht hat.

Deshalb ist das Lernen durch Versuch und Irrtum so herausfordernd. In Zukunft kannst du diese teuren Fehler vermeiden, denn es ist leichter als du denkst, Methoden und Handwerkszeug zu erlernen, damit die Veränderung dauerhaft gelingt und du die gewünschten Ziele erreichst.

Brich deine Ziele herunter in einzelne Meilensteine:

1. Zwischenziel: ....

Datum: ....

2. Zwischenziel: ....

Datum: ....

3. Zwischenziel: ....

Datum: ....

4. Zwischenziel: ....

Datum: ....

Mit eisernem Fokus, neuen Gewohnheiten, Planung und Struktur, Visualisierung, Achtsamkeit und Freude sowie Partnern, mit denen du dich austauschst, erreichst du jedes Ziel. Dazu ist es sehr wichtig, dass du ein Ziel vor Augen hast, das dich emotional berührt und motiviert. Je stärker der Wunsch ist, dein Ziel zu erreichen, desto leichter fällt dir der Weg dorthin. Feiere dich, wenn du dein Ziel erreicht hast.

Frage dich immer wieder: Warum möchtest du finanziell frei und wohlhabend sein?

....

....

....

Deine Gründe, in Fülle zu leben:

....

....

....

....

....

Ein paar Beispiele:

- Reiche Menschen leben nachweislich länger als arme Menschen.
- Geldsorgen wirken sich negativ auf deine Gesundheit aus.
- Wer nicht selbst vorsorgt, liegt später seinen Kindern oder dem Staat auf der Tasche.
- In einer Beziehung gibt es weniger Streit, wenn genug Geld da ist.
- Es macht Freude, Geld für die verschiedenen Wünsche und Ziele zu haben.
- Du kannst anderen Menschen helfen.
- Zu wenig Geld lässt dich klein und ängstlich fühlen.
- Du kannst mit deinem Geld die Welt verändern (nachhaltige Geldanlagen).

Deine Gedanken dazu:

....

....

....

....

....

....

....

....

....

....

....

....

....

Zum Abschluss wendet sich Claudia wieder an alle Freundinnen:

„Mit dem heutigen Wissen könnt ihr gut unsere individuellen Coachingtermine vorbereiten. Macht euch Gedanken und erarbeitet die richtigen Fragen für unser Gespräch."

Die Planung deines zukünftigen Vermögens

Bei der finanziellen Lebensplanung geht es um eine Struktur: Alles im Universum ist strukturiert. Ohne Struktur wird es dir schwerfallen, dein Ziel zu erreichen, und unter Umständen findet eine Kapitalvernichtung durch die allseits bekannte Inflation statt.

1. Zuerst solltest du trotz Niedrigzins genügend Liquidität auf deinem Giro- bzw. Tagesgeldkonto haben. Dieses Geld vermittelt dir Sicherheit und ist kurzfristig verfügbar. Die meisten Menschen fühlen sich mit drei Monatsgehältern in diesem sicheren Hafen wohl.

2. Im zweiten Schritt solltest du die bestehenden Geldanlagen analysieren. Sollen sie für kurz-, mittel- oder langfristige Ziele dienen? Vielleicht musst du sie optimieren. Auf jeden Fall sollten sie in die Zukunft hochgerechnet werden. Was ist unter Berücksichtigung von Rendite, Zeit und Inflation am Tag X zu erwarten? Dieses Ergebnis ist wichtig für deinen weiteren Vermögensaufbau. (vergleiche www.zinsen-berechnen.de)

3. Der dritte Schritt: Sorge zuerst für finanziellen Schutz, dann für finanzielle Sicherheit und als Kür für finanzielle Freiheit. In deinem Plan sollten Investitionen und Verbindlichkeiten mit einbezogen sein. Entwickle dich selbst persönlich weiter und erschaffe dir dein persönliches Finanzkonzept für ein Leben in Sicherheit, Unabhängigkeit und Freiheit. Keine Angst vor großen Zahlen. Und glaube an Wunder. Je mehr Geld du hast, desto mehr kannst du in deinem Leben und auf dieser Welt bewirken.

Am besten fängst du heute mit deiner Lebensplanung für deinen finanziellen Wohlstand an. Es ist ein großer Unterschied, ob du fünf oder zwanzig Jahre Zeit hast, für deine Ziele zu sparen.

Doch es ist nie zu spät! Steck deinen Kopf nicht in den Sand. Es gibt immer Möglichkeiten. Ein findiger Finanzcoach kann Wunder bewirken.

Beispiele:

Du wünschst dir, für deinen Ruhestand in 20 Jahren 50.000 € gespart zu haben.

Bei 1 % Rendite benötigst du zwanzig Jahre lang eine monatliche Sparrate von 188,21 €.

Bei 5 % Rendite benötigst du zwanzig Jahre lang eine monatliche Sparrate von 122,69 €.

Bei 8 % Rendite benötigst du zwanzig Jahre lang eine monatliche Sparrate von 87,27 €.

Wenn du noch nur 10 Jahre Zeit hast bis zum Ruhestand, sieht die Rechnung so aus:

Bei 1 % Rendite benötigst du zehn Jahre lang eine monatliche Sparrate von 396,11 €.

Bei 5 % Rendite benötigst du zehn Jahre lang eine monatliche Sparrate von 322,53 €.

Bei 8 % Rendite benötigst du zehn Jahre lang eine monatliche Sparrate von 275,68 €.

Aus diesen Berechnungen kannst du für dich ableiten:

Je niedriger die Rendite[2] und je kürzer die Laufzeit, desto höher ist die Sparrate.

Eigne dir Finanzwissen an, um die Angst vor Risiken zu verlieren.

Je weniger Geld und Zeit du hast, umso höher sollte die Rendite sein. Wenn die Laufzeit kürzer als 10 Jahre ist, solltest du individuell auf die Situation schauen.

Wunschbetrag: ....Rendite: ....

Sparrate: .... Zieldatum: ....

Wunschbetrag: ....Rendite: ....

Sparrate: .... Zieldatum: ....

Wunschbetrag: ....Rendite: ....

Sparrate: .... Zieldatum: ....

Rechne selbst: www.zinsen-berechnen.de

2 Ertrag aus der Kapitalanlage

Dein Rundumsorglospaket planen

Nun geht es um das Thema **Vorsorge** – eine wichtige Vorbereitung für jedes einzelne Coachinggespräch. Und so trägt Claudia vor:

Sorge für einen Plan B, denn gut geplant in guten Zeiten hilft, wenn das Leben es gerade nicht gut mit dir meint. Wenn du elementare Risiken absicherst, kannst du in Krisen dein Vermögen zusammenhalten.

Schau deiner Versorgungslücke oder deiner Überversicherung genau ins Gesicht. Und dann reißt du das Pflaster auf der Wunde der bisher unbeachteten oder nicht verstandenen Verträge mit einem Ruck ab.

Das tut weh, ist jedoch der Beginn deiner Reise in die Selbstbestimmtheit. Entscheidungen sind gefragt: Was hat Bestand und was möchtest du verändern?

Die Alternative ist, dass du es vor dir herschiebst, einen Überblick zu bekommen und hoffst, es wird schon gut gehen. Das kann aus Angst passieren, die richtigen Entscheidungen zu treffen, oder weil du einfach diese Thematik verdrängst.

Spätestens, wenn du das Rentenalter erreicht hast, stehst du vor den Tatsachen. Lass es nicht so weit kommen. Dein Ziel sollte ein unabhängiges Leben bis ins hohe Alter sein.

Das ist besonders wichtig, denn Statistiken belegen: Frauen leben länger und haben meist weniger Arbeitsjahre als Männer oder arbeiten in Teilzeit. Daraus folgt auch wesentlich weniger gesetzliche Rente im Alter. Und eine Absicherung durch den Mann ist keine wirklich sichere Option, wenn man die steigenden Scheidungsraten betrachtet. Deshalb gibt es keinen Aufschub.

Finanzieller Schutz

Der erste Schritt ist, wie bereits erwähnt, dein finanzieller Schutz. Dein Finanzhaus sollte auf sicherem Grund stehen, damit es nicht beim ersten Sturm zusammenfällt.

Hier gilt es zu überprüfen, ob du richtig abgesichert bist. Du darfst dich fragen, welche Risiken du selbst übernimmst und welche du versicherst.

Wenn du gut für schlechte Zeiten vorsorgst, brauchst du im Falle des Falles keine Fürsorge.

Berufsunfähigkeit

Du solltest überlegen, ob du dich gegen Berufsunfähigkeit absicherst oder nicht. Versicherst du dieses Risiko, so kostet dich das zwar monatlich ca. 50 € bis 80 € für ca. 1.500 € monatliche Berufsunfähigkeitsrente, doch im Falle des Falles schützt du damit dein wachsendes Vermögen.

Eine Beitragsbefreiung bei Berufsunfähigkeit macht es möglich, dass die Versicherungsgesellschaft neben der monatlichen Auszahlung der Berufsunfähigkeitsrente die Beiträge weiterzahlt. Wenn du schlau bist, dann zweigst du aus der Rendite deiner Geldanlagen einen kleinen Teil zur Absicherung dieses Risikos ab.

Krankentagegeld

Hast du genug Krankentagegeld für den Fall einer längeren Krankheit abgesichert? Nach sechs Wochen Krankheit erhältst du als Arbeitnehmerin ca. 20 bis 30 Prozent weniger Einkommen über deine gesetzliche Krankenversicherung. Als Privatversicherte kannst du den Tagessatz selbst vereinbaren.

Du solltest rechtzeitig darüber nachdenken, was dich deine Existenz kostet. Manche Szenarien kannst du aus der eigenen Tasche zahlen.

Es gibt kostengünstige Krankentagegeldversicherungen, die dich vielleicht sogar bei der Zahlung der monatlichen Darlehensrate einer Hausfinanzierung retten können. Bist du selbstständig, dann überlege dir, wie du dein Auskommen bei Krankheit absichern möchtest. Arbeiten deine Angestellten weiter? Oder hast du für diesen Fall genug Geld angespart? Eine Krankentagegeldversicherung ist günstiger, als du denkst.

Planung für deinen Ruhestand

Zur finanziellen Absicherung gehört auch die Planung für deinen Ruhestand. Je früher du damit beginnst, desto günstiger wird deine private Zusatzrente. Wie du bereits weißt, ist der Zinseszinseffekt eine enorme Kraft, die du nutzen solltest.

Hast du dich mit dem Thema schon befasst und deine jährlich ins Haus flatternde Renteninformation genau angesehen? Auf der ersten Seite des jährlichen Reports stechen folgende Zahlen ins Auge: Die erste Position zeigt die Rente bei Erwerbsminderung auf, die zweite Zahl die monatliche Altersrente, die du dir bis zu dem Erscheinungsdatum verdient hat und die dritte Zahl die Altersrente, die du erhältst, wenn du weiterhin so arbeitest wie in den letzten fünf Jahren. Jedoch sind die Steuer und die Inflation noch nicht berücksichtigt! Wie sieht das bei dir aus?

Möchtest du dich auf die staatliche Rente verlassen? Sicher weißt du, dass man mit den Rentenbeiträgen, die über dein Gehalt einbehalten werden, die Rentner von heute bezahlt. Wer weiß, was für die nächste Generation übrigbleibt? Die Bevölkerungspyramide verändert sich immer mehr, hin zu einer wachsenden Bevölkerungsschicht 50plus. Immer weniger junge Leute steigen immer später in den Beruf ein und gehen keinem regelmäßigen Arbeitsleben nach, so wie frühere Generationen.

Oder bist du selbstständig und zahlst in kein Versorgungswerk oder in keine andere staatliche Versorgung ein? Dann bist du gefordert, mit Disziplin Monat für Monat den Betrag zu sparen, der notwendig ist, um dir die Ruhestandsversorgung aufzubauen, die du dir für dein Alter wünschst.

Leider versäumen es viele Unternehmer, eine kapitalgedeckte Altersvorsorge aufzubauen, weil sie zu sehr auf ihr Unternehmen setzen. Doch was ist, wenn das Lebenswerk im Alter nicht den Wert aufweist, den man vermutet hat? Wir leben in einer schnelllebigen Gesellschaft. Und was ist, wenn kein Nachfolger gefunden wird, bzw. wenn der Kaufpreis zu wünschen übrig lässt? Ein zweites oder drittes Standbein (Kapital, Immobilie) würde hier mehr Sicherheit bringen.

Viele Selbstständige verdrängen vor lauter Tagesarbeit die prekäre Situation und leben von der Hand in den Mund. Sie leben im Hier und Jetzt, was ja nicht verkehrt ist, doch bezüglich ihres verdienten Wohlstands nach einem aufgebauten Lebenswerk kann diese Verdrängung der Tatsachen in die Altersarmut führen.

Vor kurzem habe ich einen Grafiker getroffen, der jetzt siebzigjährig monatlich 200 € Rente erhält. Selbst nach dem Gang zum Sozialamt bleibt ihm nicht genug für ein würdiges Leben.

Mach dir klar, ob du später abhängig sein oder ein schönes Leben leben möchtest. Irgendwann hast du jeden Tag Urlaub und möchtest dein Leben genießen. Deine Gesundheit wird Geld kosten, du musst die Miete weiterbezahlen, und beim eigenen Haus oder der eigenen Wohnung werden Modernisierungen notwendig. Kinder und Enkel freuen sich über das eine oder andere Geschenk oder auch über eine Einladung zu einem Familienevent.

Seit 2005, mit dem Beginn des Alterseinkünftegesetzes, verfolgt unsere Regierung nicht mehr das Ziel, dass wir unseren Lebensstandard mit der gesetzlichen Rente erhalten können. Die steigende Lebenserwartung und damit einhergehend die längere Rentenbezugsdauer sowie die zukünftig abnehmende Zahl der Erwerbstätigen belasten das deutsche Rentensystem. Immer weniger Beitragszahler werden immer mehr Rentner finanzieren müssen. Die Folge: Ohne private Vorsorge geht es heute nicht mehr. Doch im Dschungel der privaten Vorsorgeprodukte ist es schwierig, das Richtige für die individuelle Altersabsicherung zu finden.

Aus den oben erwähnten Gründen darfst du den Kopf nicht in den Sand stecken und hoffen, dass sich dein Leben im Alter schon regelt. Aufwachen, liebe Frauen! Laut Prognosen liegt die gesetzliche Rente für Frauen bei knapp 700 € pro Monat. Davon betroffen sind 75 Prozent aller Frauen, die heute zwischen 30 und 60 Jahre alt sind.

Warum ist das so? Frau haben meist weniger Arbeitsjahre und oft auch weniger Einkommen als Männer. Daraus folgt auch wesentlich weniger Rente im Alter.

Spätestens jetzt fragst du dich sicher, wie du dein Geld Schritt für Schritt so für die Zukunft anlegen kannst, dass du deinen Lebensstandard halten kannst, wenn du in Rente gehst.

Einkommen aus einer passiven Quelle

Da wir ab einem gewissen Punkt nicht mehr arbeiten können oder wollen, brauchen wir Einkommen aus einer passiven Quelle. Dazu sollten wir irgendwann anfangen, unseren Zeiteinsatz von unserem Ertrag zu entkoppeln. Das geht z. B. durch Immobilien (passives Einkommen durch Mieteinnahmen) oder Aktien (passives Einkommen durch Gewinnausschüttungen).

Für deinen Ruhestand solltest du dir Folgendes überlegen:

1. Wie viel Geld brauche ich monatlich im Alter?

   ....

2. Wie hoch ist meine momentan zu erwartende monatliche Versorgung?

   ....

3. Wie groß ist meine Rentenlücke?

   ....

4. Wie viel muss ich in den nächsten Jahren monatlich investieren, um das notwenige Vermögen für die kommenden Jahre anzusparen?

   ....

5. Wie viele Jahre will ich jeden Monat zusätzlich dieses Geld beziehen?

   ....

Nach Klärung dieser Fragen, wobei dir ein Finanzrechner oder besser noch ein guter Finanzcoach helfen kann, bekommst du Transparenz in deine Planung. Nichts ist schlimmer als die diffuse Angst vor Altersarmut, von der man überall liest.

Sobald du den Tatsachen ins Gesicht schaust, kannst du etwas tun. Auch wenn dein Einkommen heute knapp ist, gibt es Möglichkeiten, wie du Geld in deinem Budget aufspürst, auch wenn du denkst, keines zur Verfügung zu haben. Vielleicht gibt es auch plötzlich neue Einkommensquellen. Wie du bereits weißt: Nichts ist unmöglich!

In diesem Kapitel machen wir uns Gedanken, wie du z. B. 2.000 € brutto Rente im Monat als Grundstock erreichen kannst. Je nach Situation muss deine Rente versteuert werden. Bist du Mitglied in einer gesetzlichen Krankenversicherung, zahlst du in der Rente den halbierten Krankenkassenbeitrag, sofern du in der zweiten Hälfte deines Arbeitslebens die meiste Zeit Mitglied in der gesetzlichen Versorgung warst.

Falls das nicht so ist, solltest du dich bei deiner Krankenkasse erkundigen. Bist du privat krankenversichert, so plane die Beiträge im Alter unbedingt mit ein.

Mit Angelika habe ich mich schon kurz darüber unterhalten. Sie hat mir gesagt, dass ich sie als Beispiel nehmen darf.

Beispiel Angelika

Sie möchte eine monatliche Rente von 2.000 € haben

Gesetzliche Rente mit 67 Jahren	700 € brutto
Betriebliche Zusatzversorgung	200 € brutto
Private Riesterrente	300 € brutto
Private Rentenversicherung	300 € brutto
Insgesamt	**1.500 € brutto**
Rentenlücke	**500 € brutto**

Angelika ist 50 Jahre alt und arbeitet zur Hälfte als Angestellte und zur anderen Hälfte freiberuflich. Nach Rentenbeginn möchte sie weiterhin freiberuflich arbeiten. Da sie jedoch nicht weiß, wie es ihr dann gesundheitlich ergehen wird, möchte sie nicht unter Druck stehen. Deshalb schaut sie sich an, was sie aufbringen müsste, um diese Finanzierungslücke zu schließen:

Ihr Ziel wäre also, 500 € monatliche Rente mit 67 Jahren zu erwirtschaften. Um dieses Ziel zu erreichen, zahlt sie bei 3 Prozent Rendite 15 Jahre lang monatlich ungefähr 500 €.

Bei diesem Beispiel sind je nach Vertragsmodell des Alterseinkünftegesetzes Steuern zu berücksichtigen. Ebenso bleiben mögliche Kosten des Versicherers außen vor.

Diese 500 € Rentenlücke kann Angelika mit einer Rentenversicherung generieren, mit einem Auszahlplan aus einem Depot oder mit einer Mietzahlung aus einer Immobilie. Die Sparrate ist deshalb fiktiv!

Bei einem individuellen Finanzcoaching würden differenziertere Betrachtungen genauere Ergebnisse liefern. Die Vor- und Nachteile einer Rentenversicherung sollten vor einer Entscheidung erörtert werden. Hier möchte ich nur ein gewisses Gefühl für Zahlen vermitteln.

Die Inflation sollte immer Beachtung finden: In 15 Jahren, wenn Angelika in Rente geht, sind ihre angepeilten 2.000 € bei 2 Prozent Inflation nur noch ca. 1.500 € wert.

Angelikas Versorgung schmälert sich durch die durchgängige Inflation nach Rentenbeginn weiterhin. Ob es eine Rentenerhöhung zum Ausgleich geben wird, steht in den Sternen.

Zusammenfassung

Spätestens jetzt weißt du: Finanzwissen ist ein absolutes Muss. Übernimm Verantwortung für deine Finanzen, das ist jetzt ganz wichtig. Wenn du etwas aus diesen Ausführungen mitnimmst, dann das: Denke niemals, dass es keinen Sinn macht, deine finanzielle Lebensgestaltung in die Hand zu nehmen. Selbst wenn du in einer ausweglosen Situation bist oder dein Geld gerade heute reicht und zum Sparen nicht genug da ist, kannst du eine Lösung finden.

Vielleicht denkst du auch, dass wir in wirtschaftlich schwierigen Zeiten leben und nicht wissen, ob es lohnt zu sparen, weil ein Finanzcrash bevorsteht. Die Presse macht es uns nicht einfach, Freude an der Zukunftsplanung zu finden. So viele verschiedene Meinungen, meist negativer Art, bremsen uns aus. Und wem kann man heute in Finanzsachen noch trauen?

Ich sage dir:

Zukunft wird aus Mut gemacht

In den ersten Kapiteln dieses Buches hast du gelesen, wie wertvoll du bist! Du hast so viele Möglichkeiten, wenn du dich zuversichtlich aufmachst.

Das größte Geschütz für deine finanzielle Zukunftsplanung ist dein Finanzwissen!

MEIN HERZENSANLIEGEN: GELDANLAGE HEUTE

Warum wir überhaupt Vermögensaufbau betreiben sollten, haben wir in unseren letzten Meetings geklärt. Auch wenn wir in einer schnelllebigen und lauten Welt leben und sich ständig vermeintlich wichtige Aufgaben vordrängen, dürfen wir nicht weiter verdrängen und unsere Finanzen vergessen.

Es geht um nichts anderes als um unser Leben. Natürlich ist unsere Gesundheit das Wichtigste. Doch wenn wir kein Geld haben und uns Sorgen machen, leidet auch unsere Gesundheit. Und es ist eine Tatsache, dass die Gesundheit auch Geld kostet.

Wenn du ein unabhängiges und freies Leben führen möchtest, gibt es viele Gründe dafür, dich mit dem Thema Vermögensaufbau zu beschäftigen.

Bevor wir in die Einzelgespräche gehen, treffen wir uns nochmals gemeinsam. Diesmal bei schönstem Sonnenschein in der Bamberger Innenstadt. Wir lassen es uns bei einem leckeren Eis und erfrischenden Getränken so richtig gut gehen. Die Frauen lauschen meinen Worten:

Glückwunsch! Ihr gehört bereits zu den Glücklichen, die heute aktiv und mutig handeln, um später selbstbestimmt leben zu können.

Und jetzt erschaffen wir einen einfachen Fahrplan mit dem Ziel, ein gutes Polster für das Alter aufzubauen. Alles, was du tun musst ist, auf deine Situation zu schauen und dich aktiv dafür zu entscheiden, Klarheit und Transparenz zu schaffen. Mit der Investition von ein paar Stunden deiner Zeit können wir deine finanzielle Lebensgestaltung angehen.

Deine finanzielle Unabhängigkeit kannst du dir auch selbst erarbeiten. Im Anhang benenne ich weitere Bücher zur Lektüre, die dir dabei weiterhelfen.

Oder du suchst dir eine Begleitung, die dich durch den Finanzdschungel führt.

Es wird einfach, sobald du ein paar Finanzgesetze verstanden hast. Noch nie war Geld anlegen so einfach wie heute.

Früher, als es noch Zinsen auf der Bank gab, war es auch schon rentabler, in Sachwerte zu investieren. Doch bis vor einigen Jahren blieb dieses Universum einer ausgewählten Klientel vorbehalten: wohlhabenden Bürgern, die sich gute Berater leisten konnten. Für Normalbürger interessierten sich die Banken weniger.

Heute ist es für alle Einkommensschichten leichter denn je, Geld anzulegen. Um an verlässliche und schnelle Informationen über die Finanzmärkte zu kommen, brauchst du nur einen Internetzugang. Früher war das Wissen über die Finanzmärkte einem exklusiven Kreis von Experten vorbehalten.

Auch die finanziellen Hürden sind gesunken. Heute gibt es günstigere Produkte, die nicht mehr von Managern, sondern weitgehend von Computern verwaltet werden. Direktbanken bieten kostengünstige Alternativen zu teuren Bankdepots.

Doch all das hilft wenig, wenn du nicht den Mut hast, zu investieren, weil du zu wenig von Finanzmärkten verstehst. Hier kommt Finanzwissen ins Spiel.

Sparen – wenn auch anders als früher – ist heute wichtiger denn je. Die Zeit der Bequemlichkeit ist vorbei. Wir dürfen neue Wege gehen!

Um die Frage, warum Vermögensaufbau wichtig ist, endgültig abzuschließen, stelle ich die Gegenfrage: „Was ist die Alternative?" Die Alternative ist es, kein Vermögen aufzubauen und dann mit der Konsequenz leben zu müssen, dass man sehr stark abhängig ist: von einer anderen Person oder dem Staat und dem, was auch immer irgendein anderer beschließt.

Wenn wir ganz ehrlich sind, ist damit schon geklärt, dass du Vermögen aufbauen solltest. Jetzt bleibt nur noch die Frage, wie und wann du damit anfängst.

Die Goldene Gans
Ein Gleichnis zum besseren Verständnis des Vermögensaufbaus ist das der goldenen Gans. Jede von euch braucht sie, denn sie legt goldene Eier. Die goldene Gans kann euer Investment in Aktien, Fonds und ETFs (passiven Aktienfonds) sein. Je mehr ihr die goldene Gans stopft, desto größer sind die goldenen Eier, also die Gewinne, von denen ihr später leben könnt.

Finanzwissen

Gut, dass wir uns heute so viel Zeit nehmen können. Denn ich präsentiere euch einen riesigen Werkzeugkasten für bessere Finanzen. Stellt euch vor, eure Finanzen sind ein Auto und ihr merkt, dass ihr von jetzt auf gleich an Geschwindigkeit verliert und stehen bleibt. Wie kriegt ihr euer Auto wieder flott? Am besten sucht ihr die wahre Ursache für die Panne. Ihr fischt die richtigen Werkzeuge aus der Kiste und setzt sie in der richtigen Reihenfolge ein. Glückwunsch, wenn ihr euer Auto selbst wieder auf Trab bringt.

Doch manchmal sind die Lösungen komplexer. Hast du schon einiges probiert, um deine Ziele und Ergebnisse zu erreichen? Warst du vielleicht schon bei einem Finanzprofi und kommst trotzdem irgendwie nicht weiter? Du verstehst nicht, was er sagen will? Du vertraust ihm nicht? Du hast kein gutes Gefühl oder du schließt einfach etwas ab, ohne zu wissen, was es bringt?

Dann ist die Wahrscheinlichkeit groß, dass deine Herausforderungen ein näheres Hinschauen benötigen. Wir sollten zusammen einen Blick darauf werfen und gemeinsam herausfinden, was die Ursache für dein Stagnieren ist. Mit ein paar Tipps kannst du versuchen, das Problem auf eigene Faust zu lösen. Ansonsten gibt es unabhängige Finanzcoaches und Finanzmentoren wie mich, die nicht nur erfolgsorientiert arbeiten, sondern die du stunden- oder blockweise buchen kannst.

Die wichtigsten Grundlagen für deinen Vermögensaufbau

Mit dem folgenden Wissen bekommst du auf jeden Fall eine gute Werkzeugkiste. Dein Vertrauen wächst und führt mit dem Unterbau deines inneren Mindsets und deines Money-Mindsets in kürzester Zeit in die Umsetzung und so zu erstaunlichen Resultaten. Dir selbst auf die Spur kommen und Finanzwissen sind also die Mittel zur Wahl, um Lösungen „out of the box" zu finden, an die du bisher gar nicht dachtest. Ich behaupte, dass es die teuerste Entscheidung ist, sich nicht zu kümmern und keine Ahnung von Finanzen zu haben. Wenn du einige Finanzgesetze beachtest, wirst du in kurzer Zeit als gute Anlegerin auf einem guten Weg sein.

Die unfassbare Macht des Zinseszins

Das Weltwunder Zinseszins, das du zum Aufbau deines Vermögens unbedingt nutzen solltest, kennst du bereits. Die meisten Menschen überschätzen, was sie in wenigen Jahren schaffen und unterschätzen, was sie in vielen Jahren erreichen können. Den Zinseszins zu nutzen und Geld zu vermehren ist in jedem Alter sinnvoll. Da wir von langfristiger Geldanlage sprechen und ein längerer Zeitraum uns hilft, mehr Vermögen aufzubauen, gilt natürlich: je früher, desto besser.

Ein Mythos ist es, dass du schon reich sein musst, um in Aktien zu investieren. Im Gegenteil: Der Erwerb von Aktien ist eine ideale Geldanlage für Menschen, die reich werden wollen. Die meisten vermögenden Menschen sind dort, wo sie heute sind, weil sie clevere Investmententscheidungen getroffen haben. Das Schöne an Aktien und ETFs im Unterschied zu Immobilien ist, dass du hier bereits mit 25 € im Monat starten kannst.

Mit dem Zinseszinseffekt kannst du deinem Vermögen einen mächtigen Schub geben und ein regelmäßiges passives Einkommen erwirtschaften. Du generierst also Einnahmen, ohne dass du dafür arbeiten musst. Triff deine passenden Anlageentscheidungen und bald darauf kannst du an deinem aufgebauten Vermögen partizipieren.

Bei einem angesparten Kapital von 100.000 € kannst du bei 6 % jährlicher Rendite 30 Jahre lang monatlich ca. 500 € entnehmen.

Im Kapitel zum *richtigen Sparen* haben wir uns mit Zinsmodellen für monatliche Sparpläne beschäftigt. Jetzt wenden wir uns der Einmalanlage zu.

Natürlich sind diese Zahlen wieder fiktiv! Diese Ergebnisse sind rein mathematisch und schließen aus, dass diese Werte in Wirklichkeit erreicht werden.

Im Netz kannst du bei www.zinsen-berechnen.de selbst nachrechnen.

So wächst dein Vermögen

Zinseszinseffekt bei einer Einmalanlage von 20.000 € auf 10 Jahre

Bei 2 %	24.379,89 €
bei 3 %	26.878,33 €
bei 5 %	32.577,89 €
bei 7 %	39.343,03 €

Zinseszinseffekt bei einer Einmalanlage von 20.000 € auf 20 Jahre

Bei 2 %	29.718,95 €
Bei 3 %	36.122,22 €
bei 5 %	53.065,95 €
bei 7 %	77.393,69 €

Zinseszinseffekt bei einer Einmalanlage von 20.000 € auf 30 Jahre

Bei 2 %	36.227,23 €
Bei 3 %	48.545,25 €
Bei 5 %	86.438,85 €
Bei 7 %	152.245,10 €

Zinseszinseffekt bei einer Einmalanlage von 20.000 € auf 40 Jahre

Bei 2 %	44.160,79 €
Bei 3 %	65.240,76 €
Bei 5 %	140.799,77 €
Bei 7 %	299.489,16 €

Inflation – die schleichende Geldentwertung

Die beliebteste Geldanlage der Deutschen ist das Sparbuch. 53 Prozent der Deutschen sparen noch immer mit diesem sicheren Geldvernichtungsinstrument! Angesichts der Situation an den Finanzmärkten kann man es verstehen, wenn Menschen sich mit dem Gedanken tragen, ihr Erspartes unter das Kopfkissen oder auf die Bank zu legen.

Ja, kurzfristiges Geld, auf das du flexibel Zugriff haben möchtest, gehört auf die Bank, auch wenn du keine Zinsen bekommst. Dafür ist ein Tagesgeldkonto geeignet. Für mittelfristiges und langfristiges Sparen rate ich, nicht in eine Bankanlage zu sparen, sondern so zu investieren, wie die Banken es selbst tun.

Immer wieder kann ich beobachten, dass zu viel Geld auf dem Tagesgeldkonto liegt. Es dient als Sicherheit, ist jedoch alles andere als wirtschaftlich.

Meine Meinung:

Das Geld ist rund und muss rollen

Die andauernde Niedrigzinsphase bedeutet für unser Geld klare Geldvernichtung. Wenn wir nicht investieren, verzichten wir nicht nur auf Rendite und erreichen unsere Sparziele unter Umständen nicht, sondern wir verlieren Jahr um Jahr Geld.

Sondervermögen

Ein großer Vorteil von Wertpapieren ist es, Sondervermögen zu bilden, d. h. die Anteile gehören dem Anteilseigner, also dir. So würden bei Insolvenz der Depotbank, die unsere Fondsanteile verwahrt, die Anteile in den Besitz des Anlegers fließen. Als Sondervermögen wird das investierte Vermögen eines offenen Investmentfonds bezeichnet. Es wird getrennt vom Vermögen der Investmentgesellschaft verwaltet und ist daher im Insolvenzfall vor dem Zugriff der Gläubiger geschützt.

Das gilt für alle Arten offener Fonds. Insofern besteht für Fondsanleger bezogen auf die Fondsgesellschaft kein Insolvenzrisiko.

Manchmal werden die Begriffe *Fonds* und *Sondervermögen* auch gleichbedeutend verwandt. Um das Sondervermögen dem Zugriff der Investmentgesellschaft zu entziehen, muss es bei einer unabhängigen Depotbank verwahrt werden. Sondervermögen ist im Kapitalanlagegesetzbuch (§ 92 KAGB) geregelt. Das Gesetz gibt den rechtlichen Rahmen für Investmentfonds vor.

Sondervermögen ist ein Gewinn an Sicherheit

Die Einrichtung von Sondervermögen bei Fonds hat zwei entscheidende Vorteile:

- Es wird sichergestellt, dass das von Anlegern investierte Geld tatsächlich nur für den jeweiligen Fondszweck eingesetzt wird. Das Fondsvermögen kann zum Beispiel nicht dazu genutzt werden, um andere „schwächelnde" Fonds zu subventionieren und dort Verluste auszugleichen.

- Wird die Investmentgesellschaft insolvent, ist das Sondervermögen vor dem Zugriff der Gläubiger geschützt. Denn als treuhänderisch verwaltetes Vermögen fällt es nicht in die Insolvenzmasse. Es gehört vielmehr weiterhin den Anlegern als Miteigentümern. In dieser Hinsicht ist die Fondsanlage also „sicher".

Inflation

Du solltest die Inflation unbedingt mit in deine Planung einbeziehen. Es ist empfehlenswert, dein Vermögen mit Sachwerten wie Immobilien und Aktien vor sukzessivem Werteverlust durch Inflation zu schützen.

Du kannst ausrechnen, wie hoch in Zukunft die Kaufkraft deines Kapitals sein wird. (www.zinsen-berechnen.de)

Ein Beispiel
Du hast 20.000 € auf deinem Tagesgeldkonto zu 0 % Zins geparkt. Bei einer Inflation von 2 % pro Jahr beträgt der Wert deines Geldes

nach 10 Jahren	16.406,97 €
nach 20 Jahren	13.459,43 €
nach 30 Jahren	11.041,42 €

Es ist wichtig, den **Unterschied zwischen Geldwert und Sachwert** zu kennen. Bei Geldwertanlagen wie Sparbüchern, Bausparverträgen und festverzinslichen Wertpapieren wird dein Geld mit einer festen oder variablen Verzinsung angelegt und behält einen festen Geldwert, der sich nur um die evtl. Zinszuflüsse erhöht. Diese Zinszuflüsse sind eben heutzutage gleich Null. Langfristig kann sich der Wert deines Kapitals nach Steuern und Inflation mit dieser Form der Anlage nicht steigern. Die Inflation nagt an deinem Vermögen.

Mit **Sachwerten** wie Aktien und Immobilien erreichst du deine finanziellen Ziele leichter. Sie haben einen eingebauten Inflationsschutz. Hier wirkt die Inflation in der Regel wertsteigernd. Nur mit Sachwerten sind langfristig Renditen oberhalb der Inflationsrate zu erzielen. Bei einer Investition in Aktienanlagen macht der

Anleger über einen längeren Zeitraum einen Gewinn von ca. 4 bis 8 %. Bei Immobilien sind die Renditen geringer. Das Betongold hat einen stark emotionalen Grund bei der Anschaffung.

Wenn du deine finanziellen Ziele betrachtest und die Inflation einrechnest, findest du heraus, dass kein Weg an Sachwertanlagen vorbeigeht. In Zeiten des Niedrigzinsumfelds kannst du deine finanziellen Ziele ohne Risiko nicht mehr schaffen. Doch welche Risiken musst du eingehen?

Die Risiko-Chancenklassen

Manche Stimmen sagen, dass das doch alles nur Zockerei an der Börse ist. Ja, natürlich kannst du an der Börse Geld verlieren. In der Regel dann, wenn du nicht weißt, was du tust, nicht darauf achtest, langfristig zu investieren und die Investments breit zu streuen. Zu dem Wissen, was du am besten tust, gehört eine klare Strategie, die deine Risikobereitschaft mit einbezieht.

Beim Anlegen an der Börse gibt es zwei Arten von Risiken: Das sogenannte *Marktrisiko* und das *Unternehmensrisiko*. Wenn eine Pandemie die Weltwirtschaft erschüttert, kommen zu den schlechten Nachrichten auch kurzfristig rote Zahlen im Depot. Was Forscher dagegen durchaus sicher sagen können: Während du mit dem Marktrisiko leben lernen musst, kannst du das Unternehmensrisiko minimieren.

Am einfachsten konzentrierst du dich nicht nur auf ein Himbeereis, also keine Einzelaktien, sondern auf weitere leckere Kugeln Eis plus einen kräftigen Schuss Sahne. Ein Unternehmen kann Insolvenz anmelden, eine Branche dauerhaft in die Krise abgleiten. Wenn du jedoch die Vielfalt wählst – immer das leckerste Eis und die größten Kugeln – gleicht sich das Ergebnis aus. So eine Auswahl bringt z. B. ein sogenannter ETF (Exchange Traded

Fund: börsengehandelter Indexfonds). Er bietet eine hervorragende Mischung aus geringem Aufwand und angemessener Rendite bei niedrigen Kosten. Es gibt auch noch andere Anlageformen, von denen ich berichten werde.

Diversifikation

Eine möglichst große Sicherheit erhältst du, wenn du niemals alle Eier in einen Korb legst. Durch Streuung deiner Geldanlagen mit dem idealen individuellen Anlagemix kannst du dein Risiko und die Angst vor Verlusten minimieren. Warum? Weil das Risiko, alles auf eine Karte zu setzen, sehr hoch ist.

Das Zauberwort heißt Diversifikation, auf deutsch Streuung. Wir sollten unser Investment so breit wie möglich streuen und nicht in einzelne Wertpapiere investieren. Manche ETFs bilden die Entwicklung von bis zu 2.000 Unternehmen ab – eine breitere Streuung ist fast nicht möglich.

Denn für unterschiedliche Anlageklassen wie Aktien, Anleihen, Immobilien und Rohstoffe als auch für jede einzelne Anlage gilt: Wer sein gesamtes Geld wie zur Dotcom-Blase in Technologiefonds steckt, dem drohen auch heute wieder unverhältnismäßig hohe Verluste.

Wer hingegen, je nach persönlichem Risikoprofil, die Anlagen breit streut und noch dazu Zeit mitbringt, Verluste auszusitzen, der braucht eine Investition in Wertpapiere nicht zu fürchten. Vor allem dann, wenn die Anlage einen breiten Markt abdeckt.

Es geht los

Die ersten Tage als frischgebackene Investorin gehören zu den aufregendsten. Zumindest, wenn sich der Börsenkurs in die falsche

Richtung bewegt: abwärts. Tag für Tag erscheinen die hässlichen roten Zahlen in deinem Onlinedepot. Und da kann es sein, dass du an die gute alte Zeit zurückdenkst, als du dein Geld noch auf dem Tagesgeldkonto hattest. Zwar mit keinen oder Minizinsen, aber wenigstens krisenfest. Eine Zeit, als du nicht bei jeder Krisenmeldung an deine Geldanlage gedacht hast.

In solchen Situationen hilft es, nicht ständig in dein Depot zu sehen. Ein ausreichendes Geldpolster auf deinem Bankkonto hilft dir, Wirtschaftskrisen auszusitzen, damit du nicht zur ungünstigen Zeit, also mit Verlust, etwas aus dem Depot verkaufen musst.

Ist es nicht so: An jedem Tag, an dem du aus dem Bett aufstehst, setzt du dich Risiken aus. Denk an den berühmten Ast, der dir auf den Kopf fallen kann, oder auch ans Autofahren. Es ist daher wichtig zu wissen, wie du mit dem Risiko umgehen kannst.

Der einfachste Weg, um Risiko zu minimieren, ist, dich an die Regeln zu halten. Wenn die Ampel rot ist, fährst du besser nicht los. Das Gleiche gilt für die Börse: Wenn du Verluste realisierst, dann ist nicht die Börse oder das Unternehmen schuld, in das du investiert hast, sondern du selbst. Weil du die Regeln nicht gekannt oder sie nicht eingehalten hast.

Eine der Regeln für langfristiges Investieren ist, dein Geld über einen längeren Zeitraum anzulegen. Für einen Aktienfonds wären das 8 bis 10 Jahre, um dich vor etwaigen Verlusten zu schützen. Für Anleihen ist dieser Zeitraum kürzer gefasst. Zudem solltest du dich fragen, ob du schlafen kannst, wenn sich dein Geld vorübergehend in der Verlustzone befindet.

Wenn Ängste aufkommen, bedenke, dass Verluste an der Börse erst entstehen, wenn du zu einem Verlustkurs verkaufst. Alles andere ist rein buchhalterisch. Das gilt übrigens genauso für Gewinne.

Der Grund, warum ich eine klare Strategie empfehle, ist der, dass Emotionen ansonsten überhandnehmen. Bei sinkenden Kursen ist das die Panik, die dazu führt, dass du ein Wertpapier mit Verlust verkaufst. Bei steigenden Kursen ist es die Gier, jetzt unbedingt dabei sein zu müssen.

Es kann auch sein, dass dir eine gute Freundin empfiehlt, unbedingt den ETF XY zu kaufen. Das kann in die Hose gehen, falls deine Freundin keine Expertin ist. Also: Informiere dich oder lass dich beraten und halte deine Anlagen langfristig. Natürlich ist es möglich, jederzeit flexibel an Geld zu kommen. Doch sicher hast du es jetzt verstanden, dass es nicht sinnvoll wäre, zur falschen Zeit zu verkaufen.

Gibt es den richtigen Anlagezeitpunkt?

Wir haben keine Glaskugel und wissen bei Einmalanlagen nicht, wann das richtige Timing für eine Investition gegeben ist. Wir würden am liebsten kaufen, wenn die Kurse steigen, und verkaufen, wenn der Kurs abgerutscht ist.

Ich gebe dir den guten Rat, nicht auf den richtigen Zeitpunkt zu warten. Ansonsten kann es passieren, dass du ewig wartest und nicht an guten Kursgewinnen teilhaben wirst. Manch eine Investorin ist versucht, bei einem Kursrutsch ihr Vermögen zu sich zu holen. Studien zeigen, dass es auf Dauer sinnvoller ist, die Krisen durchzustehen und investiert zu bleiben. Eine fachkundige Ansprechpartnerin hilft in solchen Zeiten, nicht die Geduld zu verlieren.

Bei Sparraten brauchst du dir keine Gedanken um den Einstieg zu machen. Monat für Monat zahlst du deine gleichbleibend gleiche Sparrate für deine finanzielle Unabhängigkeit ein. Der sogenannte Cost-Average-Effekt glättet die Schwankungen an der Börse. Bei regelmäßigen Einzahlungen bekommst du bei fallenden Kursen mehr und bei steigenden Kursen entsprechend weniger Fondsanteile. Über einen längeren Zeitraum betrachtet zahlen die Anleger daher in der Regel einen günstigen Durchschnittspreis für die Anteile.

Das magische Dreieck der Geldanlage

Rendite, Risiko bzw. Sicherheit und Liquidität haben einen großen Einfluss aufeinander. Wünschst du eine höhere Rendite, so kaufst du ein größeres Risiko ein. Begnügst du dich mit einer geringeren Rendite, so kannst du mit mehr Sicherheit rechnen. Je höher die Rendite, desto länger sollte dein Anlagehorizont sein, denn bei mehr Risiko musst du auch mit mehr Schwankungen rechnen.

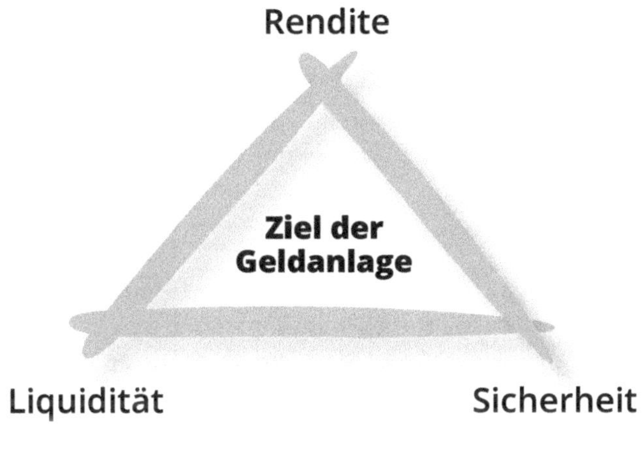

Das magische Dreieck der Vermögensanlage mit den Anlagezielen Rendite, Liquidität und Sicherheit. Je nach persönlicher Gewichtung entscheidest du deine Verteilung von Aktienfonds, ETFs, Anleihen, Immobilien, Edelmetall und unternehmerischen Beteiligungen.

Wie du dein Geld möglichst sicher und rentabel anlegst

In diesem Kapitel erfährst du von sicheren und rentablen Möglichkeiten, aus denen du je nach individueller Situation wählen kannst.

Ziel ist es, dein Leben finanziell so zu gestalten, dass du deine finanziellen Ziele erreichst und deinen Lebensstandard hältst, auch wenn du in Rente gehst. Was du jetzt schon weißt: Wer nicht investiert, verliert durch die Inflation Jahr um Jahr einen Teil seines Vermögens.

Hast du dich bisher davor gedrückt, dich mit dem Thema Geld zu beschäftigen?

....

Was hat dich bisher daran gehindert?

....

....

Falls deine Sorge der Zeitaufwand ist, dann kann ich dich beruhigen. Wenn wir ganz ehrlich sind, finden wir immer Zeit für die Dinge, die uns wichtig sind. Du kannst es dir einfach machen, wenn du nicht mit 80 Jahren noch irgendwelche Wertpapiere hin und her jonglieren willst.

Dein Depot läuft von alleine, wenn die Planung erst einmal auf den Weg gebracht worden ist. Wie überall im Leben solltest du zu Beginn Zeit und Geld investieren, um ein funktionierendes System aufzusetzen. Seit es bei mir läuft, verbringe ich gerade eine Stunde pro Monat mit meinen Investitionen.

Nun stelle ich dir einige Anlagemöglichkeiten vor

Aktien
Du kannst in ein Unternehmen deiner Wahl investieren und hast ein gewisses „Klumpenrisiko", das bedeutet: ein größeres Risiko.

Aktienfonds
Ein Aktienfonds investiert ausschließlich in Aktien. Ein Aktienfonds ist also ein Korb, der viele verschiedene Unternehmensanteile enthält. Falls die Aktie eines Unternehmens einmal fällt, gleicht womöglich der Kursanstieg einer anderen Firma den Verlust aus. Gegenüber einzelnen Aktien ist dein Verlustrisiko mit einem Aktienfonds deshalb deutlich geringer.

ETFs
Aktienfonds lassen sich grundsätzlich in aktive und passive Fonds einteilen. Bei aktiv gemanagten Aktienfonds steuert ein Fondsmanager die Anlagestrategie. Das bedeutet, er überlegt, welche Aktien er kauft und welche er verkauft – je nachdem, wie der Kurs der jeweiligen Aktie gerade steht. Das hat natürlich seinen Preis.

Ein passiver Fonds ist eine günstige Lösung und bildet einen Aktienindex[3], wie etwa den Dax nach, in dem die 40 größten börsennotierten Unternehmen Deutschlands gelistet sind. Einen passiven Aktienfonds nennt man deshalb auch Indexfonds, oder kurz ETF (engl. für Exchange Traded Fund, zu deutsch: börsengehandelter Indexfonds). Gerade in Krisenzeiten fährt der ETF mit seinem jeweiligen Index ein hohes Kursrisiko, weil kein Fondsmanager die Strategie steuert. Ein Vorteil von ETFs ist die größere Transparenz im Vergleich zu herkömmlichen Aktienfonds. Da ein ETF einen bestimmten Index nachbildet, weißt du als Anlegerin zu jedem Zeitpunkt, welche Aktien der Fonds enthält.

3 Kennzahl für die Entwicklung von ausgewählten Aktienkursen

Rentenfonds
Rentenfonds enthalten keine Aktien, sondern Anleihen. In der Finanzwelt ist damit ein Wertpapier gemeint, mit dem Privatpersonen einem Unternehmen oder einem Staat Geld gegen die Zahlung eines Zinses leihen. Dieses Wertpapier heißt auch Anleihe. Der Zins dieser Anleihe hängt von der Höhe des jeweiligen Risikos ab.

In der Regel sind Rentenfonds geringeren Kursschwankungen ausgesetzt und gelten deshalb als risikoärmer. In Zeiten des Niedrigzinses ist es schwer, Anlagemöglichkeiten in diesem Segment mit einem Zins über 2 % zu finden. Allerdings benötigen wir Rentenfonds, um ein Depot zu stabilisieren. Je nach Risikoklasse sollte dein Depot mehr oder weniger Rentenfonds enthalten.

Ein Mischfonds kombiniert verschiedene Anlagemöglichkeiten miteinander. Das bedeutet, er investiert zum Beispiel sowohl in Aktien als auch in Anleihen. Ebenso kann er auch in Gold, Immobilien oder in den Geldmarkt investieren. Solltest du dich für die Anlage in einem Mischfonds interessieren, überprüfe bitte, wie hoch der jeweilige Anteil an sicheren und an renditestarken Anlagemöglichkeiten ist. Im Zweifelsfall verzichte auf etwas Rendite, um dein Risiko zu senken.

Vermögensverwaltung
Früher war diese zeitsparende und diversifizierte Investitionsmöglichkeit nur Vermögenden vorbehalten. Heute kannst du dich schon mit einem kleinen Vermögen oder mit einer monatlichen Sparrate an einer Vermögensverwaltung beteiligen. Der Vermögensverwalter verwaltet dein Vermögen für dich und nimmt dir Entscheidungen ab.

Als Kunde gibst du der Vermögensverwaltung eine Vollmacht, damit diese selbstständig Anlageentscheidungen für dich treffen kann. Du übergibst einem Vermögensverwalter vollständig die Betreuung deines Geldes. Somit ist die Asset Allocation (Verteilung des Kapitals auf unterschiedliche Anlageklassen) automatisch gegeben.

Statt auf einen klassischen Portfoliomanager zu vertrauen, kannst du eine digitale Vermögensverwaltung wählen. Die Vorteile einer digitalen Vermögensverwaltung sind insbesondere die niedrigen Gebühren, das aktive Management und der geringe Zeitaufwand für dich.

Anleger möchten heute kostengünstig investieren. Doch um welchen Preis? Wenn ich mir ETFs ins Depot hole, so ist es wie bei der Modernisierung eines Bades: Ich gehe in den Baumarkt, kaufe mir Fliesen, Baustoffe, und Werkzeuge und mache mir dann einen Plan. Als nächstes geht's mit frischem Mut ans Werk: Ich nehme Fliese für Fliese in die Hand und bringe sie an der Wand an. Viele Fliesen müssen geschnitten werden. Ich komme langsam voran. Das Ergebnis lässt auf sich warten und ist vielleicht nicht so, wie ich es mir trotz des hohen Zeitaufwands erwünscht hatte.

Ich kann mir auch eine Firma holen, die von mir wissen möchte, wie mein zukünftiges Bad aussehen soll und dann startet, Stück um Stück diesen Plan umzusetzen. Wenn ich dann zu meiner Freude ein wunderschönes Bad mein eigen nennen kann, muss ich dieser Firma Geld für ihre Dienstleistung bezahlen.

So ist es auch bei der Geldanlage. Du darfst entscheiden, ob du in kostengünstige ETFs investieren möchtest, oder ob du eine Vermögensverwaltung wählst, die teurer ist als ein ETF, aber dir viele Arbeiten abnimmt und dir jeweils auf Dauer ein ansehnliches Ergebnis präsentiert. Du musst dich entscheiden, ob du gerne Zeit in deine Vermögensbildung investierst oder ob du lieber abgibst und dich in der gewonnenen Zeit anderen Dingen zuwendest.

Viele Deutsche scheuen die Aktienanlage. Zum einem, weil ihnen Unternehmensbeteiligungen per se suspekt sind, zum anderen, weil sich viele „jungfräuliche“ Anleger bei den letzten großen Börsenhypes gehörig die Finger verbrannt haben. Und so streiten sich Bauch- und Kopfgefühl über die Frage, wo das Geld am besten angelegt ist. Aber eigentlich ist die Sache klar: Aktienfonds müssen sein. Ansonsten wird es schwierig, angesichts der wohl noch länger anhaltenden Niedrigzinsphase mit Sparbuch, Festgeld & Co. auch nur die Inflation auszugleichen.

Zertifikate

Zertifkate bieten ähnliche Wertentwicklungen wie Investmentfonds. Bei einem Zertifikat handelt es sich jedoch rechtlich gesehen um eine Schuldverschreibung, also eine Art Anleihe eines Emittenten[4]. Wird dieser insolvent, gehören die Zertifikat-Inhaber zu den Gläubigern, die aus der Insolvenzmasse befriedigt werden. Ob und in welcher Höhe eine Rückzahlung zu erwarten ist, ist unsicher. Daher unterliegen Zertifikate einem Ausfallrisiko.

Immobilienfonds

Mit einem Immobilienfonds erhältst du Anteile an Büro- bzw. Gewerbeimmobilien. Doch Vorsicht, wenn der Immobilienmarkt einbricht! Dieses kostenintensive Investment muss laut staatlicher Regulierung einige Jahre gehalten werden. Immobilienfonds könnten eine Lösung sein, falls du bisher keine Immobilie besitzt.

Immobilien

Sie sind in der Regel ein „Klumpenrisiko“, haben jedoch emotional als „Betongold“ ein hohes Ansehen. Momentan steigen die Immobilienpreise enorm und sind zum Teil überbewertet. Bevor du eine Immobilie kaufst, überdenke, dass du dich auf lange Zeit bindest. Heute gibt es kaum Renditen über 4 %. Denke an Modernisierung, wechselnde Mieter, Ärger mit Mietnomaden

4 Person, die Wertpapiere ausstellt und ausgibt

und bei Eigentumswohnungen an schwierige Nachbarn. Eine Immobilienfinanzierung ist in die persönliche Finanzgestaltung mit einzuplanen. Achte unbedingt auf den Zinsbindungsablauf. Eine Zinssteigerung bei Verlängerung des Darlehenvertrages könnte den kompletten Finanzplan durcheinanderbringen.

Edelmetalle

Edelmetalle können im Freilager, im Bankschließfach oder zu Hause zur Absicherung des Vermögens in Krisenzeiten gehalten werden. Als Fonds tragen sie als Beimischung zur Stabilisierung eines Depots bei.

Unternehmerische Beteiligungen

Unternehmerische Beteiligungen können bei großem Vermögen zur Diversifizierung des Vermögens vorteilhaft sein. Anteile an diesen geschlossenen Fonds sind keine Wertpapiere, sondern unternehmerische Beteiligungen. Die Risiken solcher Investments sind darum wesentlich komplexer als bei anderen Vermögensanlagen.

Da es keinen geregelten Markt gibt, kommst du während der Laufzeit nur unter Umständen und meist mit Verlusten an dein Geld. Charakteristisch für die, auch als stille Beteiligung bezeichnete Anlage ist, dass während der Laufzeit ein fester Zinssatz bezahlt wird. Bei dieser Geldanlage droht bei Schieflage der Anlage Totalverlust.

Bitcoin

Entstanden ist der Bitcoin zu Zeiten der Finanzkrise 2008. Er ist die bei weitem älteste und bekannteste Digitalwährung. Er hat zudem mit aktuell etwa 60 Prozent den größten Marktanteil unter den derzeit rund 7.000 Kryptowährungen[5]. Die Produktion von Kryptowährungen verbraucht enorme Energiemengen. Diese stammen oft aus klimaschädlichen Kohlekraftwerken, weshalb Forscher vor den Folgekosten für Klima und Umwelt warnen.

5 ein digitaler Vermögenswert, der auch als Tauschmittel fungiert

Der Stromverbrauch entspricht in etwa dem jährlichen Verbrauch Norwegens. Die Kryptowährung wird zwar aufwendig produziert, hat aber keinen immanenten Gegenwert. Er ist ein rein spekulativer Vermögenswert – eine private Fiatwährung (physisches Geld wie Banknoten oder Münzen) –, die immer gerade den Wert hat, den der Markt ihr zuschreibt. Sie ist unverzinslich und hat auch keinen Nutzwert wie Gold oder Silber, das sich etwa zu Schmuck schmieden lässt.

So bildet sich der Wert von Bitcoins wie bei herkömmlichem Geld auch durch das Vertrauen und die Akzeptanz seiner Verwender sowie durch Angebot und Nachfrage. Analysten halten noch weitere erhebliche Kursgewinne für möglich. Wetten darauf bleiben aber riskant. Natürlich reizen die hohen Gewinnaussichten, deshalb werde ich ziemlich oft nach Bitcoins gefragt. Wer investieren möchte, sollte mit erheblicher Risikobereitschaft und einer robusten Fähigkeit, Verluste aufzufangen, ausgestattet sein.

Es hat für mich den Anschein, als ob die Hipster und Millennials, die sich derzeit auf Kryptowährungen stürzen, letztlich überhaupt kein Interesse an ESG-Ansätzen[6] haben und eher durch den Wunsch motiviert sind, schnell reich zu werden. Und hier setzt meine Skepsis an: Ich frage mich, was treibt Menschen an, meist ohne finanzielle Lebensgestaltung, d. h. ohne Vermögensstruktur, in diese substanzlose Währung zu investieren? Diese Frage sollte sich jeder selbst beantworten.

Zusammenfassung zur Übersicht der möglichen Investments

Für die heutige krisenreiche Zeit empfehle ich die Aufteilung deines Vermögens nach der bewährten 3-Speichen-Regel: Je ein Teil in Aktien, Immobilien und Edelmetall. Wenn du daran glaubst,

6 Ins Deutsche übersetzt bedeutet Environment Social Governance (ESG) Umwelt, Soziales und Unternehmensführung

dass unsere Wirtschaft weiterwächst, dann ist es sinnvoll, dein Geld an der Börse zu investieren.

Wie sieht deine **Asset Allocation,** das ist die Aufteilung deines Vermögens auf verschiedene Anlageklassen wie Anleihen, Aktien, Immobilien und Edelmetall aus? Je nach Anlagehorizont, Risikomentalität und vorhandener Liquidität solltest du dich für eine Anlagestrategie entscheiden.

Bitte investiere nicht blauäugig in etwas, wovon du keine Ahnung hast. Es geht hier um deine Existenz und deine Unabhängigkeit. Entweder du investierst Zeit und liest Bücher oder suchst ein Gespräch mit einem Finanzcoach, der dir gegen Honorar deine Fragen in deinem Interesse beantwortet.

Investieren ist ein Prozess

Das war für mich eine der wichtigsten Erkenntnisse der letzten Jahre. Zu denken, dass du jetzt in diesem Moment die richtige Entscheidung für dein Leben treffen musst, löst unnötigen Druck aus. Bitte vergiss nicht, dass es nicht das Ziel sein kann, dein Leben finanziell bis in das letzte Detail durchzuplanen.

Es sollte ein Fundament aus Status-Quo-Analyse, klarem Ziel und Strategie vorliegen, sonst triffst du vorschnelle Entscheidungen, die zu erheblichen Verlusten führen können. Steht dieses Fundament, dann starte zeitnah in deine finanzielle Freiheit.

Nach und nach sammelst du Erfahrungen und lernst, wie du deine Investments deinem Leben angleichen kannst. Niemand weiß, wie die Welt in 10 bis 15 Jahren aussehen wird. Deshalb darfst du von Jahr zu Jahr deine Entscheidungen überprüfen, anpassen oder in Frage stellen und neu starten. Ignoriere am besten die zahlreichen Tipps von Magazinen, Freunden und vermeintlichen Experten. Wie soll dir jemand eine Empfehlung aussprechen, der weder dein

Ziel, deine Risikobereitschaft noch deine Strategie kennt? Deine Investmententscheidungen sind so individuell wie du selbst. Deshalb ist es so unglaublich wichtig, dir Wissen anzueignen, das dir erlaubt, Entscheidungen souverän zu treffen.

Fühlst du dich nicht sicher, ist es eine Option, einen Finanzcoach an deiner Seite zu wissen. Der Coach stellt dann mit dir zusammen eine Strategie auf und begleitet dich auf deinem Weg. Das Geld, dass du in das Coaching investierst, amortisiert sich in der Regel aufgrund besserer Ergebnisse innerhalb kürzester Zeit.

Auf jeden Fall sind vermeintlich sichere verzinsliche Anlagen (Sparbuch, Garantieprodukte wie Lebensversicherungen, Bausparverträge) heutzutage nicht mehr von Vorteil. Wir sprechen aus Inflationssicht bei Bankanlagen vom zinslosen Risiko. Vorsicht vor Beratern, die dir ein gutes Gefühl mit vermeintlich sicheren und garantierten Finanzanlagen vermitteln wollen. Es gibt heute keine Garantieprodukte mehr, die einen nennenswerten Zinssatz ausweisen können.

Ein weiterer Tipp, den ich dir geben möchte: Du solltest unbedingt die Kosten der Geldanlagen im Blick behalten.

Die Kosten der verschiedenen Anlageinstrumente schmälern deine Rendite. Achte deshalb auf die Gesamtkostenquote. Diese schließt alle Kosten, beispielsweise auch Verwaltungsgebühren, mit ein. Je geringer die prozentuale Quote, desto besser. Ausgabeaufschläge von 3 bis 5 Prozent beim Start deiner Geldanlagen sind heute bei unabhängigen Beratern nicht mehr üblich. Falls du Unterstützung brauchst, kann diese mit einer zu verhandelnden Servicegebühr oder mit einem Honorar entlohnt werden.

Eines ist sicher: Nach der Lektüre dieses Buches weißt du, wie du besser zukunftssicher, verantwortungsvoll und rentabel vorsorgst.

Was ist ein Depot?
Ein Depot ist im Grunde ein Lager für deine Wertpapiere. Das Depot kannst du bei einer Filialbank oder bei einer Direktbank im Internet eröffnen. Früher wurden die Wertpapiere tatsächlich in Papierform in einem Schließfach aufbewahrt, heute funktioniert das alles digital über ein Kundenkonto bei einer Depotbank.

Das Depot wird mit deinem Girokonto verknüpft. Wenn du z. B. 100 € monatlich in Wertpapiere investierst, werden diese von deinem Girokonto abgebucht und der Broker investiert das Geld nach deinen Wünschen. Dein Investment liegt dann in deinem Depot und kann von dir zu jeder Zeit eingesehen werden. Vorteil: Deine Aktien sind Sondervermögen. Die verwaltende Bank hat selbst bei Insolvenz keinen Zugriff auf dein Vermögen. Nachteil: In der Regel zahlst du eine Depotgebühr.

Wie funktioniert das mit den Steuern und dem Finanzamt?
Unsere Wertpapiererträge dürfen wir natürlich versteuern, jedoch erst bei einem jährlichen Gewinn aus Zinsen, Dividenden und Kursgewinnen von mehr als 801 €. Das ist der Steuerfreibetrag, den jeder von uns hat. Alles, was darüber hinausgeht, wird zur Zeit mit 25 % (zzgl. Kirchensteuer und Solidaritätszuschlag) versteuert. In der Regel übernimmt deine depotführende Bank die Abführung ans Finanzamt. Du erhältst von deiner Depotbank eine jährliche Steuerbescheinigung, die du deiner Einkommensteuererklärung beifügen solltest.

Jetzt ist es soweit. Du kommst nun in Aktion, indem du ein Depot eröffnest und die für dich passenden Anlagen kaufst. Sobald du investiert hast, beginnt dein ganz persönlicher Vermögensaufbau. Du wirst lernen, wie Vermögensaufbau funktioniert, wie du passende Investmentprodukte für dich findest, welche Gefahren lauern und wie du Verluste vermeidest. Mit der Zeit lernst du, was zu tun ist, oder du verlässt dich auf eine gute Beratung.

Fragen zur Reflexion, die du mit deinem Finanzcoach besprechen kannst

Was hält dich davon ab, dich um dein Geld zu kümmern?

....

....

Willst du weiterhin sparen oder doch lieber investieren?

....

....

Hast du den Mut, in Investmentfonds zu investieren?

....

....

Mit welchen Geldinstrumenten baust du dein Vermögen auf, so dass du deine Ziele erreichst?

....

....

Wovor hast du Angst?

....

....

Wie kannst du mehr Sicherheit in deine Finanzanlagen bringen?

....

....

Möchtest du aktiv oder passiv investieren?

....

....

Was machst du, wenn die Aktienkurse sinken?

....

....

....

Was machst du, wenn die Kurse steigen?

....

....

....

Wie viel Geld kannst du monatlich investieren, um dein Ziel zu erreichen?

....

....

Welche Geldanlagen passen zu dir und deinen Zielen?

....

....

....

Welche Kriterien sind wichtig für dich?

....

....

Ende des Meetings
„Das war jetzt ein Ritt durch das Land der Finanzen. Für heute machen wir erst einmal Schluss. Ich schlage vor, dass wir uns in den nächsten Wochen zu Einzelgesprächen treffen. Ihr hattet mich ja gebeten, euch bei eurer finanziellen Lebensgestaltung zu unterstützen."

Gut gelaunt und sichtbar erleichtert, so viel Wissen auf einmal erworben zu haben, nehmen meine fünf Freundinnen Abschied.

Erfolgserlebnisse

Angelika
Nach kurzer Zeit finden unsere Einzelgespräche statt. Angelika ist die erste, die zu mir kommt. Sie hat in der Zwischenzeit gelernt, sich wertzuschätzen, auch für das, was sie bisher trotz manch widriger Umstände geschafft hat. Alleine, dass sie ihrer Angst keinen Raum mehr gibt, hat ihre Ausstrahlung verändert.

Sie sieht aus wie eine Frau, die weiß, was sie will. Sie lacht mir entgegen und erklärt mir, dass sie es nicht mehr einsieht, Angst zu haben. Denn es ändert überhaupt nichts, wenn sie sich diesem energiefressenden Gefühl zuwendet. Es spielt sich alles nur in ihrem Kopf ab. Und sie meint, wenn wirklich mal was passiert, was in jedem Leben sein kann, hat sie nun mehr Kraft, weil sie ihre Energie nicht schon vorher verplempert.

Was für eine Erkenntnis! Weiterhin hat sie ihre Einnahmen und Ausgaben analysiert und mit ihrem Chef gesprochen. Sie wurde auf ihrem Konto und bei ihren Versicherungen fündig. Ein Versicherungsvergleich zeigte ihr, dass sie bei ihrer Autoversicherung im Jahr alleine 200 € spart. Auf ihrem Konto konnte sie feststellen, dass Beträge eingezogen wurden, die sie gar nicht registriert hatte.

Sie sieht nun nicht mehr ein, Geld für ein Magazin auszugeben, für das sie keine Zeit hat, es zu lesen. Außerdem hat sie ihren Handyvertrag gewechselt. Sie konnte monatliche Ausgaben von fast 50 € stornieren.

Den größten Aha-Effekt hatte sie bei einem Gespräch mit ihrem Chef, bei dem sie um Gehaltserhöhung gebeten hatte. Ohne zu murren räumte er ihr eine monatliche Gehaltserhöhung von 200 € ein. Dazu sagte er, dass sie aufgrund ihrer guten Leistungen schon lange verdient hätte, mehr zu verdienen. Ihr Chef bot ihr außerdem eine Krankenzusatzversicherung über das Unternehmen an, die er bezahlen würde. Was für eine Freude!

Jetzt kann sie ihre bestehende Krankenzusatzversicherung kündigen. All das gibt ihr die Möglichkeit, ab nächsten Monat monatlich 200 € zu sparen und sich ein Finanzpolster aufzubauen.

In ihrer Selbstständigkeit ist sie erfolgreicher geworden und hat mehr Aufträge. So wird es bald zu einer Erhöhung der monatlichen Sparrate kommen. Sie möchte ihre Ersparnisse immer mehr ausbauen, so wie wir es besprochen haben. Was für ein tolles Gespräch!

Monika

Beim nächsten Termin sitzt mir Monika gegenüber. Sie berichtet mir von einer Überraschung. Die Kündigung bei ihrem Arbeitgeber ist ausgesprochen. Sie fühlt sich richtig leicht und schaut der Zukunft voller Selbstbewusstsein entgegen. Ihre Mietshäuser lässt sie gerade sanieren. Das läuft alles wie am Schnürchen.

Ihr Unternehmergen kommt ihr zu Hilfe. In den letzten Monaten hat sie extrem auf sich geachtet und ihre Bedürfnisse erforscht. Sie freut sich auf ihr Leben zu Hause in der schönen Rhön und ist froh, dass sie bald nicht mehr nach München fahren muss.

Sie ist naturverbunden und widmet sich mit vollem Herzen ihrem Garten. Ihr Schwiegervater, der durch den Tod seines Sohnes sehr verbittert war, hat sich wie durch ein Wunder verändert. Er kann jetzt sogar danke sagen, wenn Monika für ihn kocht.

Mit ihrem neuen Mindset wird sie mehr beachtet und geschätzt. Es stimmt also, dass die Menschen um uns der Spiegel unserer selbst sind. Monika kann es kaum glauben und freut sich darüber.

In der Zukunft möchte sie sich wie geplant eine Selbstständigkeit aufbauen. Sie weiß noch nicht genau, was es werden soll. Vielleicht entschließt sie sich, ihre Dienstleistung als virtuelle Assistentin anzubieten. Sie ist noch unsicher, ob Datenschutz das Richtige für sie ist. Mutig wie sie ist, will sie einen Gründerzuschuss beantragen und dann weitersehen.

Wir erarbeiten ihre Ruhestands- und Vermögensbilanz. Unter Einbeziehung der bestehenden Darlehen können wir erkennen, ab wann die Darlehen getilgt sein werden und die Mieten dann ihr und ihren Töchtern zustehen. Was für eine Überraschung: Exakt an ihrem 67. Geburtstag werden einige Darlehen abbezahlt sein! Zusammen mit ihrer gesetzlichen Rente, die sich aus ihrer eigenen und ihrer Witwenrente zusammensetzt, ist für ihr Alter gesorgt.

Die Vermögensbilanz sagt aus, dass ihr Vermögen vorwiegend in Immobilien steckt. Die Immobilienpreise werden in der nächsten Zeit weiter steigen. Und so geht sie einer goldenen Zukunft entgegen. Sie freut sich, dass sie bald mit ihren Mädels über ihren Nachlass sprechen kann.

Es ist ihr wichtig, dass die Dinge geklärt sind. Sie möchte ihre Töchter mit in das Familienvermögen einbeziehen, obwohl diese sich nach ihrem Studium selbst ein Leben in Unabhängigkeit aufbauen. Sie sind sehr stolz auf ihre Mutter, die die schwierige Situation nach dem Tod des Vaters so gut gemeistert hat. Und sie bestärken sie darin, bald ein Buch über ihr Leben zu schreiben und Vorträge über ihre Unternehmensinsolvenz zu halten.

Aus den Geschichten über ihren Mut, ihre Ausdauer und ihre Disziplin in der schweren Situation können andere nur lernen. Sobald sie in ihrer neuen Selbstständigkeit wieder Boden unter den Füßen gewonnen hat, möchte sie weiteres Vermögen durch Anteile am Produktivvermögen von nachhaltigen Unternehmen aufbauen.

Die Vorstellung, an anderen Unternehmen partizipieren zu können, gibt ihr enormen Auftrieb. Sie kann es kaum erwarten.

Jutta

Nun bin ich gespannt, wie es Jutta geht. Wir treffen uns in einem schönen Café. Gut, dass wir am Tisch die Masken abnehmen können. Ihr Lächeln würde ich sonst vermissen. Ich bin sehr gespannt, wie es ihr seit unserem letzten Treffen ergangen ist.

Ich freue mich zu hören, dass es ihr gut geht. Sie hat mit einem Heilpraktiker ein Online-Gesundheitsportal aufgebaut, hält Vorträge und stellt ihre besonderen Produkte und Gesundheitstipps für Frauen im besten Alter vor.

Bei der Neugründung helfen ihr ihre Unternehmereigenschaften. Auch ihr Wunsch, möglichst viel Geld an eine Schule in Uganda zu überweisen, gibt ihr Auftrieb. Gerade in Zeiten von Corona müssen Kinder in Afrika wieder mehr arbeiten. Mädchen werden von ihren Eltern gezwungen, jung zu heiraten, damit sie versorgt sind. Das Bildungssystem bricht zusammen, denn es darf nicht unterrichtet werden. Mit Jutta und ein paar mehr Leuten helfen wir der Schule, damit die Lehrer das Homeschooling begleiten können. Familien und Lehrer werden unterstützt, so kann die Schule bis zur Wiedereröffnung überleben.

Jutta und ich kommunizieren die Notwendigkeit der Unterstützung nach außen. Man kann sich kaum vorstellen, dass Moskitonetze im Wert von ca. 10 € fehlen und die Kinder somit ständig krank sind. Zudem schlafen sie auf dem Boden und haben nur das Nötigste zu essen. Dieses Projekt unterstützen zu können, macht uns enorm glücklich.

Mit ihrem Partner spricht Jutta jetzt sogar über Geld und ihre finanzielle Zukunft. Thomas bewirbt sich gerade neu, weil er ebenfalls eine neue Perspektive sucht. Bisher hatte er alles schleifen lassen. Jetzt ist es an der Zeit, gemeinsam etwas zu schaffen und die Zukunft neu zu gestalten.

Ihre Töchter freuen sich über die bessere Stimmung zu Hause und können es kaum glauben. Thomas und Jutta wollen in den nächsten Jahren kräftig investieren. Wir schauen uns zusammen ihre verbleibenden Geldblockaden an. Sie hat schon so viel geschafft, dass es wirklich losgehen kann.

Ihr ehemaliger Finanzmakler hatte in der Vergangenheit mehr auf exotische Produkte gesetzt. Jutta selbst hat sich als Unternehmertyp schon immer großen Risiken ausgesetzt. Nachdem ich die Verträge angesehen habe, ist mir klar, dass aufgrund der Umwälzungen im Finanzmarkt nicht mehr viel von den Investitionen übrigbleiben wird. Also starten wir neu.

Jutta und Thomas sind bereit, einen höheren monatlichen Sparbetrag in die Hand zu nehmen, denn sie haben erkannt, dass sie in ihrem Alter so viel wie möglich investieren müssen, um ihre Ziele zu erreichen.

Aufgrund der guten Aussichten für ihr Unternehmen sehe ich eine erfolgreiche Zukunft, so dass Jutta noch ganz lange Menschen gesundheitlich beraten kann. Es gefällt mit bei den beiden, dass sie ein offenes Haus haben und schöne Feste feiern. Sie leben mitten in der Natur und genießen ihr Leben.

Sylvia

Jetzt bin ich auf den Termin mit Sylvia gespannt. Sie ist inzwischen schon große Schritte vorangegangen. Wir haben uns entschlossen, uns bei einem Spaziergang in der Natur zu treffen. Strahlend kommt sie mir entgegen und sagt, wie sehr sie sich auf unser Treffen freut. Seit unserem ersten Termin hat sich ihr Leben vollkommen in eine positive Richtung entwickelt, die sie sich schon immer erträumt hatte. Seit sie sich wertschätzt, kommen ihr immer wieder neue Ideen.

Freudestrahlend erzählt sie mir von dem Tanzkurs, den sie besucht. Sie hat das Geld für den Kurs in die Hand genommen. Das war sie sich wert. Die Pläne für ihr Generationenhaus gedeihen. Sie lernt immer mehr Menschen kennen, die sich vorstellen können, eine Genossenschaft zu gründen und das Projekt zusammen anzugehen. Diese Pläne beflügeln sie.

Nachdem wir über ihre Schuldenlast gesprochen haben und planen, wie sie diese abbauen kann, erkennt sie, dass es machbar ist. Ihr Gesicht beginnt zu leuchten. Sie erzählt mir, dass sie keine neuen Weiterbildungen mehr gebucht hat, weil sie die Persönlichkeitsentwicklung in der Zukunft über ihr Netzwerk gefördert sieht.

Seit der Veröffentlichung ihres Buches wird sie mit Aufträgen überhäuft und lernt immer interessantere Menschen kennen. Das Leben ist schön, denn sie hat abwechslungsreiche Aufgaben, die auch Profit abwerfen. Sie wehrt sich nicht mehr dagegen und erhöht ihre Preise – gerade, weil sie sich das wert ist.

Rückblickend wundert sie sich nur noch über sich selbst. Sie kommt sich wie eine neue Frau vor. Sie traut sich, glücklich zu sein und die Situation zu genießen und strahlt über das ganze Gesicht.

Wir besprechen ihren Vermögensaufbau und ihre Ruhestandsplanung und entwerfen erste Schritte. Sie möchte auf jeden Fall in soziale Projekte und in erneuerbare Energien investieren. Für sie ergibt es einen Sinn, mit ihrem Geld die Zukunft für sich selbst gestalten zu können. Außerdem unterstützt sie sinnvolle Aktionen.

Wir wollen uns in einem halben Jahr wieder treffen, um neu auf die Situation zu schauen und abzustimmen, wie sie weiter auf ihrem Weg zur finanziellen Freiheit wachsen kann. Sie möchte unbedingt ihr Generationenhaus verwirklichen und ansonsten weitere nachhaltige Projekte fördern. Ihr Netzwerk unterstützt sie in ihrem Tun, und so kommt sie immer weiter auf dem Weg zu ihrem Lebenssinn voran.

Katharina
Und wie geht es Katharina? Gut, kann ich sagen, nachdem wir uns getroffen haben. Früher wurde sie gelebt und heute lebt sie ihr Le-

ben. Sie geht ihren Weg in ihre persönliche Freiheit. Sie hat schon viel geschafft. Ihre Agentur für Photovoltaikanlagen läuft gut. Sie kann wunderbar davon leben.

Sie hat in letzter Zeit viel über sich und ihr Leben nachgedacht und weiß heute, was sie will. Die Zeit als Aschenputtel ist vorbei. Ihr Cabrio, das sie sich geleistet hat, steht ihr gut. Wir vereinbaren einen Termin bei mir im Büro, um einen Status Quo ihrer Finanzen zu erstellen. Sie möchte ihr Vermögen aus ihrer Abfindung nicht mehr auf dem Bankkonto „verschimmeln" lassen.

Die Idee, eine nachhaltige Strategie für sich auszuarbeiten, gefällt ihr gut. Wir checken zunächst, ob ihre gesetzliche Rente und ihre bisherigen privaten Rentenversicherungen für ihr Alter ausreichend sind, um dann weiter zu sehen.

Unser nächstes Treffen wird schon bald stattfinden, denn der bereits angeschobene Prozess braucht Beschleunigung. Katharina möchte wissen, wo sie steht. Sie kann sich für ihr Leben noch viel vorstellen.

Claudia
Ja, und ich? Ich schreibe weiterhin jeden Abend in mein Dankbarkeitstagebuch. Ich reflektiere am Ende eines Tages, ob ich mir treu geblieben bin, was ich gut gemacht habe und vergebe mir, was nicht so gut gelaufen ist. Dann beschließe ich, es am nächsten Tag besser zu machen. So lerne ich aus meinen Fehlern und erkenne mich für meine Leistungen an.

Wenn ich mich frage, was ich in der Zukunft anders machen kann, so ist es mir wichtig, mehr Zeit für mich und meinen Mann einzuplanen. Es fällt mir immer leichter, mein Leben zu genießen. Ich bin auf einem guten Weg. Ich bin so dankbar für mein Leben, für das, was ich gelernt habe und das, was ich weitergeben darf. Ich möchte mich weiterhin einbringen, die Finanzdienstleistung zu mehr Werthaltigkeit verändern und habe die eine oder andere kreative Idee. Mal sehen, was daraus in den nächsten Jahren entstehen wird.

Außerdem arbeite ich weiterhin an meiner Neupositionierung, so dass ich bald vom Wohnmobil aus online Seminare anbieten kann. Wenn mein Buch erscheint, möchte ich auf Autorenreise gehen und mein Netzwerk mit einbinden. Für mich wird ein Traum in Erfüllung gehen, wenn ich ganz viele Frauen inspirieren kann, ihr Leben als etwas Wertvolles zu betrachten und das Beste daraus zu machen.

In der nächsten Zeit möchte ich meinen Markennamen aufbauen. Eine besondere Herausforderung wird meine Preisgestaltung werden. Auf der einen Seite wünsche ich, dass sich jede Frau ein Coaching mit mir leisten kann. Auf der anderen Seite weiß ich, dass ich mich nicht unter Wert verkaufen darf, da zu günstige Angebote meist nicht geschätzt werden.

Glücklich bin ich darüber, erkannt zu haben, dass ich mit meinem Wissen und meiner Lebenserfahrung die persönliche Welt meiner Klientinnen ebenso zum Positiven verändern kann, wie auch dieses Thema die Gesellschaft verändert. Denn wenn wir Frauen in unsere Kraft kommen, verändern wir unsere Welt. Und es ist doch „der Hammer", dass wir dann über unsere Geldanlagen auch noch unmittelbar weltverändernd wirken.

Wir können den Klimawandel positiv beeinflussen, indem wir in erneuerbare Energien investieren. Durch Spenden für soziale Projekt übernehmen wir Verantwortung angesichts der immer größer werdenden Schere zwischen Arm und Reich. Parallel sorgen wir dafür, dass weniger Kapital in die Waffenindustrie, in Kriegsgüter, Kinderarbeit und Lebensmittelspekulationen fließt. Immer mehr Menschen verstehen, dass Geld ein großer Hebel, ein *Gamechanger* ist, um die Welt zum Positiven zu verändern. Das lässt mich ehrfürchtig werden. So bekomme ich die Kraft, immer mehr Leute mit dieser weltverändernden Kampagne zu infizieren. Ich bin sehr gespannt, was ich noch bewegen darf.

Wer hätte das gedacht: Ich bin heute eine glückliche Frau und lebe in finanzieller Unabhängigkeit. Ziel erreicht! Und es darf weitergehen … was sagt dein Herz?

Wenn ich einmal alt bin. Von der Kunst, die Dinge gut in guten Zeiten zu klären

Welche Frau möchte alt sein? Doch wenn wir es nicht werden wollen, dann müssen wir vorher sterben. Ich persönlich möchte gesund hundert Jahre alt werden.

Wenn du es geschafft hast, finanziell unabhängig sein, lebst du deine kostbare Lebenszeit entspannt in deinen besten Jahren. Du kannst selbstbestimmt und bis ans Lebensende finanziell abgesichert leben, wenn du deinen Lebensabschnitt der Erntezeit individuell planst, eventuell mit Auszahlplänen. Hast du dein Vermögen ausreichend aufgebaut, dann wirst du mit deinem Geld deinen eigenen Bedürfnissen gerecht, aber auch denen deiner Erben.

Wenn du dein Lebenswerk parallel zu deinem Wohlfühlleben durch rechtzeitige Vermögensübertragung in die nächste Generation sicherst, schaffst du Klarheit für dich und deine Erben. Unter Einbeziehung der Schenkungssteuer lassen sich so jede Menge Erbschaftssteuern sparen.

Als Finanzcoach und Generationenberaterin appelliere ich an Frauen in jedem Alter, die Dinge rechtzeitig zu klären und ihr Vermögen zu übertragen. Die Erblasser haben durch eine entsprechende Vertragsgestaltung trotzdem voll die Hand auf ihrem Vermögen. Eine Familienkonferenz mit dem Thema Geld und Verantwortung im Generationenumfeld schafft Erleichterung und Planungssicherheit.

Kläre diese Fragen in Bezug auf deine Endlichkeit

Wie willst du wohnen, wenn du krank, pflegebedürftig, einsam oder über 80 bist?

....

....

Wie willst du gepflegt werden, falls du dich nicht mehr alleine versorgen kannst?

....

....

Was gibt es mit den Angehörigen zu besprechen, um den Familienfrieden zu wahren?

....

....

Wie soll dein Vermögen für das Alter angelegt sein?

....

....

Möchtest du dein Lebenswerk rechtzeitig übertragen, um Erbschaftssteuer zu sparen?

....

....

Hast du deine Generalvollmachten schon erteilt?

....

....

Vollmachten sind eine große Hilfe für dich und deine Bevollmächtigten, denn dein Ehepartner und deine Kinder sind nicht automatisch berechtigt, im Notfall Entscheidungen zu treffen.

Wenn du durch einen Unfall oder Krankheit geschäftsunfähig wirst und dich nicht mehr um deinen Alltag kümmern kannst, bekommst du bei fehlenden Vollmachten per Gericht einen Betreuer zugeteilt. Es kann sein, dass dann eine völlig fremde Person über deine gesundheitliche Behandlung entscheidet: Ebenso über deine Post, deine Konten und Sparvermögen.

Auch reicht eine Bankvollmacht heute nicht mehr aus, damit dein Partner im Falle deiner Geschäftsunfähigkeit eine Berechtigung für deine Konten erhält. Sind diese Dinge ungeklärt, verliert deine Familie den Zugriff auf deine Geldströme und dein Vermögen. Willst du all diese Themen im Ungewissen lassen? Nur mit einer rechtzeitigen Klärung und einer rechtsgültigen General- bzw. Vorsorgevollmacht kannst du jederzeit selbst über dich bestimmen.

Bei meinen Coachings und Vorträgen bringe ich zum besseren Verständnis Beispiele aus meiner Beratung mit ein.

Beispiele für Finanzplanung im Alter

Meine Klienten haben ihr Haus verkauft. Die Aufgabe war, das Vermögen so zu strukturieren, dass es den zukünftigen Bedürfnissen entspricht. Die Kunden wollten für einen möglichen Pflegefall abgesichert sein, reisen, ihre Enkel unterstützen und den Rest des Kapitals ihren Kindern als Erbe hinterlassen. Eine schöne Aufgabe, die nach einigen Gesprächen gelöst werden konnte.

Eine sehr vermögende Kundin, seit einem Jahr Witwe, wandte sich an mich, weil ihr Mann sich um die Finanzen gekümmert hatte. Sie wusste nicht, was in den vielen Ordnern auf sie wartete. Die Hausbank wollte ihr eine Zahnzusatz- und Pflegeversicherung verkaufen. Aufgrund des Millionenvermögens konnte ich der Kundin vermitteln, dass sie keine Versicherung braucht, weil sie auf ihr Vermögen zugreifen kann.

Ihr Steuerberater bewegte sich kaum, als es um die Übertragung des Vermögens auf die Kinder ging. Wir haben die nötigen Dinge zusammen auf den Weg gebracht. Die Kundin ist glücklich, eine Ansprechpartnerin zu haben, die mit ihr zu den entsprechenden Dienstleistern geht und ihr die Prozesse erklärt.

Ein Ehepaar hatte auf meine Anregung die Generalvollmachten erteilt. Kurz darauf fiel die Ehefrau plötzlich ins Koma und wachte nicht mehr auf. Glück im Unglück, denn die getätigten Vollmachten ermöglichten dem Ehemann, sich um Angelegenheiten und Finanzen der Familie zu kümmern. Kaum zu glauben, wie es gewesen wäre, wenn er sich beim Betreuungsgericht um die Betreuung seiner Frau hätte bewerben müssen.

Bis zur Klärung hätte er einen gerichtlichen Betreuer erhalten, der alle Entscheidungen für die Familie trifft. Und das Gericht hätte ihm die Betreuung verwehren können.

Ein junges Paar erzählte mir beim Beratungstermin, dass die Eltern mehrere Häuser besitzen und mit ihnen noch nicht über das Erbe gesprochen hätten. Auf Nachfrage stimmten die Eltern einem gemeinsamen Termin mit mir als Moderatorin zu. Bei diesem Gespräch wurde klar, wie wichtig es ist, baldige Entscheidungen zu treffen. Es wurden Häuser auf die Kinder übertragen und so Erbschaftssteuern in enormer Höhe gespart. Die junge Familie hatte nun Gewissheit in Bezug auf ihr Erbe und konnte dies mit in die eigene Planung einbeziehen.

In guter Erinnerung ist mir ein Gespräch mit einem Paar in den besten Jahren. Sie waren beide verwitwet und so glücklich, dass sie sich gefunden hatten. Beide hatten Kinder und wollten ihr Erbe gerecht verteilt wissen. Auch die gegenseitige Absicherung war ihnen wichtig. Ich konnte ihnen durch die richtigen Dienstleister helfen, Verträge so zu schließen, dass sie sich gut gegenseitig versorgen konnten. Sie nahmen mich als Begleiterin zu einem Termin bei einem Rechtsanwalt für Erbrecht mit, um das gegenseitige Testament auf den Weg zu bringen. Nach unseren bisherigen Gesprächen kannte ich ihre Situation genau. So konnte ich beim Orientierungsgespräch mit dem Rechtsanwalt wichtige Dinge mit einbringen.

Die Themen Erbe, Vollmachten und Vermögensübertragung sind so facettenreich wie das Leben selbst. Die Gestaltung zum Wohle der Menschen macht enorme Freude.

Geld verändert dein Leben

Geld ist der Spiegel der Wertschätzung zu dir selbst. Verändert dich dein Geld oder veränderst du dich zuerst? Wenn du dich wertschätzt, sorgst du zuerst für dich und kümmerst dich dann um den Lohn deiner Arbeit. Dein Geld verändert dein Leben insoweit, dass du mit einem geregelten Finanzhaushalt in Sicherheit und Fülle dein Leben so leben kannst, dass du dich sicher fühlst und deinen persönlich gewünschten Lebensentwurf umsetzen kannst. Geld ermöglicht dir, Einfluss in der Gesellschaft zu nehmen. Der Ausspruch „Geld ist Macht“ hat einen negativen Beigeschmack. Doch mit dieser Macht kannst du einen positiven Einfluss ausüben. Du kannst dich für Dinge einsetzen, die dir wichtig sind. In deiner Familie, in der Gesellschaft oder auch global. Mit Geld kannst du Berge versetzen.

Hast du eine Mission, die dir am Herzen liegt?

....

....

Geld beeinflusst deine Lebensqualität

Wenn du dich um dein Geld kümmerst, geht es in der Regel erst einmal nicht darum, reich zu werden. An erster Stelle sollte es für ein gutes Leben ausreichen. Das gibt Sicherheit und ermöglicht gesellschaftliche Teilhabe. Denn Geldsorgen lassen dich nicht mehr schlafen. Sie schnüren dir die Kehle zu. Der Mangel an Geld macht dich einsam.

Wie traurig ist es, wenn du dir nicht leisten kannst, eine schöne Wohnung zu mieten, in der du gerne Besuch empfängst? Wie ist es, wenn du dir überlegen musst, dir eine Tasse Kaffee zu gönnen und deshalb deiner Freundin absagst? Wie niederschmetternd ist es, wenn du deinen Kindern und Enkelkindern an deinem Geburtstag kein leckeres Essen im Restaurant bieten kannst?

In Deutschland spricht man nicht über Geld und vor allen Dingen nicht, wenn man zu wenig davon hat. Das Selbstwertgefühl leidet, man will nicht zur Last fallen. So ziehen sich viele verschuldete Menschen aus Scham aus ihrem Umfeld zurück und leiden still. Darunter leidet wiederum die Gesundheit. Überschuldete Menschen machen häufig psychische Erkrankungen durch.

Geldsorgen können auch zur Ziellosigkeit führen. Wenn du dir ständig Gedanken machen musst, wie du über die Runden kommst und von der Hand in den Mund lebst, hat dein Gehirn keine Kapazität mehr für deine eigentliche Berufung frei. Kurzfristige Herausforderungen verhindern langfristige, kreative und vorausschauende Planungen. Entscheidungen werden nicht getroffen.

Geldmangel kann zu einer Belastungsprobe für Beziehungen werden. Ein Großteil aller Paare streitet sich über Geld. Bei der Hälfte aller Scheidungen in Deutschland sind finanzielle Auseinandersetzungen das Streitthema Nr. 1. In einer gesunden Beziehung gibt es regelmäßige Kommunikation über Finanzen.

Das Thema Geld nicht als Tabuthema zu sehen, ist ein wichtiger Grundpfeiler einer guten Paarbeziehung.

Private Geldsorgen lenken dich von deiner Arbeit ab. Du fühlst dich gefangen, die Gedanken, finanziell abzustürzen, umkreisen dich wie ein Pleitegeier. Bist du blockiert, bist du blind für deine Möglichkeiten. Du vergisst, dass du es in der Hand hast, ein glückliches Leben zu führen. Wenn du vor Angst blockiert bist, kannst du wenig Lebensfreude empfinden und bist weniger produktiv.

Dies alles kann in eine Abwärtsspirale führen, die du vermeidest, wenn du dich rechtzeitig um dein Geld kümmerst. Auch wenn du zu lange wartest, gibt es immer einen Weg, sofern du deine Augen nicht verschließt und dir deine Situation eingestehst, Fakten schaffst, Schritt um Schritt mit Mut und neuem Geldwissen selbst den Ausweg aus der Krise wagst oder Hilfe in Anspruch nimmst.

Mit deinem Einkaufsverhalten veränderst du die Welt
Über dieses wichtige Thema spreche ich oft mit meinen Freunden und Klientinnen. Wir dürfen bei uns selbst beginnen, wenn wir etwas ändern wollen.

Alle denken nur darüber nach, wie man die Menschheit ändern könnte, doch niemand denkt daran, sich selbst zu ändern.

Dieses Sprichwort von Lew N. Tolstoi ist wichtig für mich. Mit unserem Geld können wir als Konsumenten ein deutliches Zeichen setzen.

Oder ist deine Kernüberzeugung: Ich kann alleine ohnehin nichts ausrichten. Auf mich kommt es ohnehin nicht an. Was soll ein Einzelner auch schon bewirken, einer von Millionen in einem Land oder von Milliarden auf diesem Planeten? Ist dein Beitrag nur ein Tropfen auf dem heißen Stein? Viele Einzelne können viel bewirken, viele Tropfen eine Welle auslösen. Wir haben heute alle Fakten des Klimawandels und der begleitenden Miseren auf dem Tisch und sollten die Problematik nicht weiter verdrängen.

Falls du glaubst, dass du zu klein bist, um etwas zu bewirken, dann versuche mal zu schlafen, wenn ein Moskito im Zimmer ist. (Dalai Lama)

Du kannst mit deinem Einkauf ein Zeichen für eine nachhaltige Richtung zur Erhaltung unseres Planeten setzen. Hast du Klarheit über dein Geld, so kannst du Biolebensmittel kaufen und damit die ökologische Landwirtschaft unterstützen. Bist du kein Veganer und wünschst dir ab und zu Eier, Milch und Fleisch in Maßen, verhindert der Einkauf von Biolebensmitteln Tierquälerei, wie z. B. Kastenhaltung. Entscheidest du dich für eine vegane Ernährung, kannst du den weiteren Anstieg von Co^2 verhindern. Auch Mode ökologisch und sozial produziert zu kaufen, ist eine positive Entscheidung für dein Portemonnaie. Manche Dinge sind nur auf den ersten Blick teurer, nicht aber in der Gesamtkalkulation. Und in vielen Bereichen ist nachhaltiges Leben gesünder. Da darfst du dich fragen, ob du mehr auf Qualität achtest und weniger auf Quantität. Weniger ist mehr!

Und wie ist dein sonstiges Einkaufsverhalten? Schnäppchen kaufen kann zum Sport werden. Denkst du beim Einkaufen an all die Menschen, die das Produkt geschaffen haben, die mit Billiglöhnen und unwürdigen Arbeitsbedingungen ihr Leben mehr schlecht als recht finanzieren? Kaufst du womöglich noch billig ein und erlebst dann, dass du das Produkt deiner Begierde bald wieder wegwirfst, weil es keine Bedeutung mehr für dich hat? Günstige Elektrowaren können nicht repariert werden und landen bei einem Defekt auf dem Müll.

Wenn wir Vielfalt bewahren wollen, dann empfiehlt es sich, nicht bei einem Discounter oder im Internet, sondern im kleinen Laden um die Ecke regional einzukaufen. Einkauf in großen Konsumpalästen oder im Internet ist zeit- und kostensparend. Doch um welchen Preis? Nachhaltige Unternehmen sind in der Regel keine mächtigen Ketten, die die Preise bestimmen und z. B. Gärtnerbetriebe oder Milchbauern mit ihrer Preispolitik in den Ruin treiben. Wie arm wäre unsere Welt ohne die kleinen Betriebe, die in der Regel mit viel Herzblut von Inhabern mit menschenorientiertem Habitus geführt werden.

Ökologie muss man sich leisten können. Ich höre immer wieder: „Ein nachhaltiges Leben ist viel zu teuer!“ Und tatsächlich ist Biogemüse auch teurer als herkömmlich produziertes und das Bahnticket ist teurer als der Billigflug. Doch gerade, weil die Kosten für die Natur bei unserem üblichen Konsum auf Dauer so schädigend sind, dass wir befürchten müssen, unseren Enkelkindern keine heile Welt überlassen zu können, sollten wir uns mit unserem Geld und dessen Wert beschäftigen. Wir können heute durch geregelte Finanzen, nachhaltige Geldanlagen mit zweifacher

Rendite (monetär und sinnvoll) und ein bewusstes Leben unsere Konsumgewohnheiten nachhaltig verändern. Für mich ist unsere Verantwortung für die Zukunft unserer Erde ein wichtiger Aspekt, Frauen wachzurütteln, ihr Leben in die Hand zu nehmen.

Geld verändert die Welt. Die Wirkung nachhaltiger Geldanlagen

Meine Freundinnen haben mich gebeten, einen Vortrag über mein Herzensthema Nr. 1 zu halten. In den letzten Jahren sind unzählige Klimaschutzkonferenzen ins Land gegangen, doch den Worten folgten lange Zeit nicht die entsprechenden Taten. Heute sieht dies anders aus, der Klimaschutz gewinnt zunehmend an Bedeutung und wird ernst genommen. Hier liegen daher auch immense Chancen für Investoren.

Ein Überblick über die verschiedenen Formen der nachhaltigen Geldanlagen mit Enkeltauglichkeit ist wichtig für eine erste Orientierung. Meiner Meinung nach gibt es heute keine Alternative, um Kapital mit gutem Gewissen anzulegen. Wir tun das für unsere eigenen Bedürfnisse, ohne die Möglichkeiten zukünftiger Generationen zur Befriedung ihrer Bedürfnisse zu gefährden. Diesem nachhaltigen Prinzip zu entsprechen, bedeutet nicht nur, Geld in umwelt- und sozialverträgliche Anlageformen zu investieren, sondern auch Sorge dafür zu tragen, finanziell auf eigenen Beinen zu stehen und nicht der nachfolgenden Generation zur Last zur fallen.

Die globale Finanzkrise 2008 hat uns gezeigt, welche Konsequenzen es hat, soziale Aspekte außen vor zu lassen und auf Kosten anderer nur an den eigenen kurzfristigen Profit zu denken. Das hat die Welt an den Rand des finanziellen Abgrunds geführt. Die Auswirkungen wurden offensichtlich: Die Finanzindustrie hatte das

Prinzip des nachhaltigen Wirtschaftens aus den Augen verloren und zielte auf schnellstmöglichen Profit. Nachhaltiges Wirtschaften bedeutet aber, dass Unternehmen bei ihren Entscheidungen nicht nur ökonomische, sondern auch soziale und ökologische Faktoren berücksichtigen und damit zur Erhaltung unserer heutigen Lebensgrundlagen und denen der zukünftigen Generationen beitragen.

Hat sich seither etwas geändert? Aus der Krise hat man leider nichts gelernt. Dabei können wir mit unserem Geld so vielen Herausforderungen begegnen, unseren eigenen und denen unserer Erde. Leider werden nach wie vor Finanzprodukte angeboten, die das Potential haben, das Ökosystem menschenverachtend und umweltzerstörend auszubeuten. Jetzt stellt sich die Frage: Wollen wir das oder wollen wir das ändern?

Durch Ankündigungen einer neuen Wirtschaftskrise sind viele Anlegerinnen höchst verunsichert. Sie halten ihr Vermögen auf vermeintlich sicheren Bankkonten oder unter der Matratze. Wer das tut, verliert allerdings Stück um Stück durch die Inflation sein mit viel Engagement verdientes Geld. Jahr um Jahr entwerten wir unser Erspartes. Geld soll doch fließen und für uns wirken. Hier dürfen wir uns wiederum fragen, warum wir Angst haben, Geld zu verlieren? Sind wir etwa nicht im Vertrauen?

Erinnere dich: Du lebst in einem unsagbaren Reichtum und für dich ist gesorgt. Du darfst das annehmen und mit dieser Zuversicht dein finanzielles Leben planen. Und so hast du als Verbraucherin die Macht zur stillen Revolution.

Keine noch so schwierige Situation kann dich aufhalten, wenn du wirklich Ja dazu sagst und dich um dich selbst und dein Geld kümmerst. Und das Wunderbare ist, dass du persönlich hilfst, die Welt etwas besser zu machen.

So bin ich der festen Überzeugung, dass wir heute ökologisch und ethisch-moralisch Verantwortung übernehmen müssen, um zukünftigen Generationen eine langfristige Lebensqualität zu sichern.

Wir wollen in diesem Kontext auch über die Wirkung des Geldes nachdenken. Denn Geld hat immer eine Wirkung! Sei es als Quelle für Freiheit und Enkeltauglichkeit, zerstörend in Rüstungsindustrie, Kinderarbeit und Lebensmittelspekulation, oder auch persönlich in der Altersarmut.

Auch dein Geld verändert die Welt, wenn du deine Rendite mit sozialem oder ökologischem Engagement verbindest. Mit nachhaltig orientierten Geldanlagen kannst du zur Erhaltung unseres Lebensraums beitragen.

Glaubst du wie ich von ganzem Herzen an eine Vision für eine bessere Welt? Du kannst mit deinem Geld das Gesicht der Welt verändern. Geld ist ein großer Hebel zur Lösung unserer persönlichen und globalen Probleme. Thornton Wilder sagte:

> *Geld ist wie Dünger. Es ist nichts wert, bis es überall auf ermutigende Dinge verteilt wird, um zu wachsen.*

Die Agenda 2030 der UN

Im Jahr 2015 haben die Vereinten Nationen die Agenda 2030 mit ihren 17 Zielen für nachhaltige Entwicklung verabschiedet. Das ist ein Zukunftsfahrplan für die Zeit bis im Jahr 2030 und ein Manifest für eine bessere Welt. Mit der Agenda 2030 will die UN weltweit ein menschenwürdiges Leben ermöglichen und dabei gleichsam die natürlichen Lebensgrundlagen dauerhaft bewahren.

Diese Ziele decken eine Vielzahl von Themen ab. Handlungsfelder sind beispielsweise der verstärkte Einsatz für Frieden, Bildung für alle oder der Schutz unseres Klimas und unserer Ressourcen. Und kein Mensch soll mehr unter Hunger leiden müssen.

Die Ziele:[7]

- Ziel 1: Armut in jeder Form und überall beenden
- Ziel 2: Ernährung weltweit sichern
- Ziel 3: Gesundheit und Wohlergehen
- Ziel 4: Hochwertige Bildung weltweit
- Ziel 5: Gleichstellung von Frauen und Männern
- Ziel 6: Ausreichend Wasser in bester Qualität
- Ziel 7: Bezahlbare und saubere Energie
- Ziel 8: Nachhaltig wirtschaften als Chance für alle
- Ziel 9: Industrie, Innovation und Infrastruktur
- Ziel 10: Weniger Ungleichheiten
- Ziel 11: Nachhaltige Städte und Gemeinden
- Ziel 12: Nachhaltig produzieren und konsumieren
- Ziel 13: Weltweit Klimaschutz umsetzen
- Ziel 14: Leben unter Wasser schützen
- Ziel 15: Leben an Land
- Ziel 16: Starke und transparente Institutionen fördern
- Ziel 17: Globale Partnerschaft

Aber was hat das mit Geldanlage zu tun? Sehr viel, denn es werden immense finanzielle Mittel benötigt, um diese Nachhaltigkeitsziele der UN zu erreichen. Diese finanziellen Mittel können und werden nicht nur von Staaten, sondern auch von der Wirtschaft, insbesondere auch der Finanzwirtschaft, zur Verfügung gestellt werden müssen. Unternehmen, die sich dem Thema Nachhaltigkeit verpflichtet fühlen (sollten), können sich nach vielen dieser Ziele ausrichten und ihre Wirkung messen, woraufhin die globale Finanzwirtschaft, also Investoren wie z. B. Fondsgesellschaften, diese Unternehmen filtern und das Kapital der Anleger ökologisch

7 unric.org/de/17ziele/

verantwortungsvoll in diese investieren können. Es geht nicht mehr um den Ausschluss von Branchen und Firmen, es geht um Branchen, Firmen und Technologien, die in diese „Ziele einer nachhaltigen Wirtschaft“ einzahlen, um eine Verbesserung der Gesamtsituation unter ökologischen Aspekten zu erreichen.

Es gibt Geldanlagen, die jedes dieser nachhaltigen Ziele abbilden, auch eine Vermögensverwaltung, die sich genau auf diese Ziele konzentriert und ihre Geldanlagen darauf abstimmt. Ihr Nachhaltigkeitsresearch ist vorbildlich! Es gibt immer mehr Möglichkeiten. Wir dürfen sie nutzen zum Wohle der nächsten Generationen!

Doch zurück zu dir: Du kaufst ökologisch ein und beziehst ökologischen Strom. Es ist dir eine wichtige Aufgabe, etwas zu tun, um den Klimawandel auszubremsen? Du kannst deine Werte und dein Zukunftsengagement mit deinem Geld in der Auswahl deines Investments abbilden. Durch Investitionen in erneuerbare Energien, Bildung und Armutsbekämpfung, Klimawandel, Wasser, Umwelt und Management natürlicher Ressourcen beeinflusst du die nachhaltige Entwicklung im Sinne der Nachhaltigkeitsziele.

Es heißt nicht umsonst „Geld regiert die Welt“. Wünschst du dir eine segensreiche Wirkung deiner Finanzen und möchtest du etwas für dich, die Umwelt bzw. die Gesellschaft tun? Wie du aus den vorangegangenen Informationen weißt, geht das, indem du dich um dein Geld kümmerst und in ökologische und soziale Geldanlagen investierst.

Bist du in Zukunft eine nachhaltig orientierte Anlegerin? Dann hast du mit diesem Buch das Wissen, Anlageangebote zu hinterfragen, nicht auf kurzfristige Profitausrichtungen, sondern auf langfristiges, nachhaltiges Wachstum zu setzen. Somit hast du die doppelte Rendite im Blick. Neben der Verzinsung deines Kapitals hin zu einem Leben in Fülle, erwirtschaftest du einen gesellschaftlichen und ökologischen Nutzen. Neben der Chance, die Risiken der Geldanlage zu verringern, wächst die Möglichkeit, die Welt zum Positiven zu verändern.

Ich möchte mit ganzem Herzen den Menschen helfen, ihre Investments ihren Werten entsprechend zu tätigen, und ich möchte mit Geldanlagen tatsächliche Bilder verbinden. Sich nicht nur die Bilder vom glücklichen Alter, schönem Wohnen, tollen Reisen vorzustellen, sondern sich auch zu fragen: Was bewirkt mein Geld in der Welt? Mein Herz beginnt zu strahlen, wenn ich an die lachenden und fröhlichen Gesichter der Kinder in Uganda denke.

Nachhaltige Anlagemöglichkeiten

Aktien – Aktienfonds – ETFs – Vermögensverwaltungen
Wenn du deinen Aktienanteil im Gesamtdepot über ein Direktinvestment in Aktien, über einen Fonds, über einen Index oder über eine Vermögensverwaltung aufbauen möchtest, kannst du erleichtert aufatmen. In Unternehmen investierte Gelder, die im Hinblick auf Ökologie, Soziales und Humanität wirtschaften, müssen nicht mit Renditeverlusten erkauft werden. Das Gegenteil ist der Fall. Bisher konnten sie in Krisenzeiten besser als herkömmliche Geldanlagen punkten.

Unternehmerische Beteiligungen
Erneuerbare Energien bieten sonnige Aussichten. Wenn du einen Beitrag zum Klimaschutz leisten, von den Wachstumschancen der Branche oder sozialen Unternehmen im Immobilienbereich profitieren möchtest, stehen dir eine Vielzahl von Investitionsmöglichkeiten dieser Direktanlagen offen. Allerdings musst du eine Beteiligung an nachhaltig wirtschaftenden Unternehmen besonders prüfen. Es besteht das Risiko eines Totalverlustes. Du bindest dein

Geld langfristig und bist in einer Personengesellschaft mit den damit verbundenen Chancen und Risiken investiert. Eine unternehmerische Beteiligung unterliegt keinem transparenten Handel. Die Anteile können nicht über die Börse verkauft werden. Bei einem größeren Vermögen kann sich als sinnvoll erweisen, nach eingehender Prüfung zur Diversifikation die eine oder andere Beteiligung mit ins Portfolio zu nehmen. Und während sich das Geld dank des stabilen festen Zinssatzes vermehrt, werden damit Schulen gebaut, Windräder aufgestellt oder Pflegeheime finanziert.

Kleines Geld – große Wirkung: Mikrofinanzfonds
Seit der Verleihung des Friedensnobelpreises im Jahr 2006 an Muhammad Yunus ist der Begriff *Mikrofinanzierung* weltweit bekannt geworden. Mittlerweile gehört die Mikrofinanzierung zu einem verbreiteten Mittel der Armutsbekämpfung in den Entwicklungsländern. Ärmeren Bevölkerungsschichten, vor allen Dingen Frauen, werden Kleinstkredite ohne Sicherheiten gewährt. Damit haben diese eine Chance, durch ihr eigenes Engagement eine Existenz aufzubauen, mit der sie sich und ihre Familie ernähren können. Mit dieser Chance bekommen sie die Möglichkeit, ihre Kinder in die Schule zu schicken. Bildung verhindert Armut und Flucht aus einer trostlosen Zukunft ohne Perspektiven.

Die Idee, die hinter der Vergabe dieser Kredite versteckt ist: Hilfe zur Selbsthilfe. Frauen finanzieren ihr Geschäft, z. B. Einkauf von Samen für den Anbau von Pflanzen oder Stoffen für Kleidung vor. Mit der Ernte bzw. dem Verkauf des Kleidungsstücks können sie das Darlehen zurückzahlen. Die hohe Rückzahlungsquote der Kredite ist erstaunlich, da diese Kredite vorwiegend an diejenigen vergeben werden, die normalerweise keinen Zugang zu Bankgeschäften haben. An diesem Wachstumsmarkt können Anleger über sogenannte Mikrofinanzfonds teilhaben. Diese Fonds bieten nicht nur den Reiz, mit dem Geld Sinnvolles zu tun, sondern auch den erfreulichen Effekt, dass diese sich nahezu unabhängig von anderen Anlageklassen – bei extrem geringen Schwankungen – entwickeln.

Nachhaltige Immobilieninvestments

Von Immobilien gehen die bei weitem höchsten Emissionen von Treibhausgasen aus. Hinzu kommt, dass Immobilien in erheblichem Maß für den Ressourcenverbrauch der Erde verantwortlich sind. Insofern würden nachhaltige Immobilien für Anleger ein ideales Anlageinstrument sein, um auch positiv auf den Klimawandel einzuwirken. Leider bietet sich in der Regel nur die eigene Immobilie dafür an. Eigentümer stehen eine Vielzahl von Fördermöglichkeiten für dieses Vorhaben zur Verfügung.

Nachhaltiges Bauen bedeutet, dass Gebäude wirtschaftlich effizient, umweltfreundlich und ressourcensparend sind. Wer jedoch die eigene Kapitalanlage um nachhaltige Immobilienanlagen in Form von Fonds ergänzen möchte, muss lange nach ökologisch sinnvollen Gebäuden suchen. In offenen Immobilienfonds finden sich nachhaltige Gebäude nur vereinzelt, und bei den geschlossenen Fonds (Beteiligungen) ist die Auswahl sehr begrenzt.

Wald

Der Wald ist für unser Klima von großer Bedeutung. Bäume verwandeln Kohlendioxid in Sauerstoff und können den Treibhauseffekt eindämmen. Sie sind wichtig für den Wasserkreislauf und sorgen für eine Entgiftung der Umwelt. Der Wald bietet den Menschen Ruheoasen und den Tieren Schutz und Lebensraum.

Der Holzverbrauch hat deutlich zugenommen und müsste zu vermehrter Aufforstung führen. Angesichts abnehmender Waldflächen und stark steigender Nachfrage bietet eine Investition in Holz langfristig gesehen eine hervorragende Anlagemöglichkeit. Die Belohnung für den über Jahre dauernden Anlageprozess ist ein konstanter Ertrag, der unbeeindruckt von Krisen fließt.

Problematisch dabei ist, dass es in der Regel nur über langlaufende Beteiligungen möglich ist, die keiner staatlichen Kontrolle unterliegen und bei dem die Anleger das Risiko komplett selbst tragen müssen. Eine kleine Minderheit stellt die Investition in Holzaktien dar. Du hast hier keinen Einfluss auf die Wahl deiner ökologischen Ansprüche, doch positiv ist, dass diese Fonds der staatlichen Finanzaufsicht unterliegen und Fondsanteile in der Regel täglich zurückgegeben werden können. Investitionen in Edelholzbäume in fernen Ländern solltest du sehr kritisch prüfen.

Crowdinvesting

Ökosoziale Projekte und Produktideen brauchen genauso Geld wie alle anderen auch. Spezialisierte Crowdinvesting-Plattformen können es beschaffen – und jeder Bürger kann mitmachen und sie mit einer Schwarmfinanzierung aktiv unterstützen. Wer heute eine Idee für ein nachhaltiges Produkt hat, wird damit wahrscheinlich trotz Businessplan nur schwer Geldgeber finden. Hier springen die Crowdfunding-Plattformen in die Bresche.

Crowdinvesting erlaubt es, mit Hilfe vieler Menschen (mit wenig Geld) auch umfangreiche und teure Ideen zu finanzieren und umzusetzen. Das Prinzip dabei: Man überzeugt viele Kleinstanleger von einer Sache, statt ein, zwei Großinvestoren zu gewinnen. Scheitert ein Projekt, kann der Anleger beim Crowdinvesting sein eingesetztes Kapital verlieren.

Nachhaltige Banken

Und last not least gibt es nachhaltige Banken, die alles bieten, was angesagt ist. Banking mit Lebensgefühl, weil die Projekte transparent auf der Webseite vorgestellt werden. So weiß ich, wo mein Geld landet und was es bewirkt. Nachhaltige Banken haben eine Mission, nämlich mit dem Geld ihrer Kunden positive Wirkung in der Welt zu erzielen. Darum suchen sie sich jedes einzelne Unternehmen gezielt aus, dem sie einen Kredit geben.

In der nachhaltigen Produktwelt wird das magische Dreieck ergänzt um Nachhaltigkeit bei deinen Geldanlagezielen.

SCHLUSSWORT: GELD IST DER SCHLÜSSEL ZUR FREIHEIT

Das hat Coco Chanel schon im 20. Jahrhundert erkannt. Geld gibt dir die Freiheit, ein gutes Leben zu leben und andere zu unterstützen. Geld ist ein Diener, der dir hilft, das Leben zu führen, das du dir schon immer gewünscht hast. Geld ist ein guter Fahrplan hin zu mehr Gerechtigkeit und hin zu einer heileren Welt. Deshalb sagt Nicole Rupp, die Expertin für das Glück im Geld:

Für Freude braucht der Mensch nicht mehr Geld.
Doch Geld braucht die Freude der Menschen, um eine freudvolle Wirkung in der Welt zu haben.

Ich möchte dir Mut machen, deine Finanzen in die Hand zu nehmen und zu gestalten. Mein persönlicher Schwerpunkt ist es, Zusammenhänge aufzuzeigen, indem ich Frauen auf einfache Art und Weise Appetit auf mehr mache. Unsere Welt ist so komplex, und deshalb wagen sich die Menschen oft nicht an die wichtigen Dinge. Ihnen fehlt das Vertrauen, weil sie die Prozesse nicht verstehen. Deshalb habe ich es mir zur Aufgabe gemacht, die komplexen Sachverhalte auf einfache Weise darzustellen.

Ist deine Erwartung an dieses Buch mit der Geschichte der sechs Frauen in Erfüllung gegangen? Kannst du dich jetzt vom Druck befreien, alles auf einmal angehen zu wollen? Gehst du die Dinge nun Schritt für Schritt logisch an? Fühlst du dich leicht und hast ein neues Empfinden dem Geld gegenüber? Bleib dran und stell dir in der Zukunft regelmäßig die Frage, was du in deinem Leben erreichen möchtest. Dann findest du die Antwort, wie dir das gelingen wird.

Der Aufbruch in dein neues Leben ist ein schönes Abenteuer, das dir viel Freude bereiten wird. Du bist die Gestalterin deiner Zukunft. In deiner finanziellen Unabhängigkeit kannst du entspannt deine kostbare Lebenszeit genießen. Jeder Tag, jede Stunde, jede Minute sind kostbar. Heute ist ein neuer Tag, ein neuer Weg beginnt.

Mach bitte einen Vertrag mit dir selbst. Willst du Nägel mit Köpfen machen und dich verpflichten? Für die nächsten 72 Stunden, für diesen Monat, für dieses Jahr?

Ich mache einen Vertrag mit mir und verpflichte mich:

....

....

....

Bis wann? ....

....

....

....

Bis wann? ....

....

....

Bis wann? ....

Wie du jetzt weißt, gibt es Lebens- und Finanzgesetze, die dich in diesem Prozess unterstützen. Das sind Meilensteine für jeden, der sorglos leben und sein Glück im goldenen Alter nicht dem Zufall überlassen, sondern aktiv und mutig gestalten will. Es beginnt mit deinen Gedanken!

Dein Ziel sollte ein finanziell freies Leben bis ins hohe Alter sein. Schon die bekannte Schriftstellerin Marie von Ebner-Eschenbach sagte:

Was wir heute tun, entscheidet darüber, wie die Welt morgen aussieht.

Je bewusster du deinen eigenen Weg und den deiner Finanzen gehst, desto erfolgreicher verläuft dein weiteres Leben. Du kannst jede Krise – egal ob Krankheit, Wirtschaftskrise oder Pandemie – als Chance sehen.

Du kennst jetzt die Geschichten der Freundinnen in diesem Buch. Was sie können, das kannst du auch. Auch du kannst aus deinem Leben ein Meisterwerk machen.

Bitte schreib mir deine Erlebnisse und Erfahrungen. Ich freue mich sehr darüber: info@claudiabehringer.de

Und dann geht's LOS! Drei Buchstaben entscheiden: Wirkungsvolles TUN! Viel Freude auf deinem Weg in ein Leben, in dem Geld wichtig für dich ist und dir Freiheit und Freude bringt!

BÜCHER, DIE MICH INSPIRIERT HABEN

Bremer, Katharina; Schwarzer, Jessica: *Finanzheldinnen. Der Finanzplaner für Frauen*. Komplett Media GmbH, München 2020

Elrod, Hal; Osborn, David; Corder, Honorée: *Miracle Morning für Millionäre. Das Erfolgsgheimnis: Was die Reichen vor 8 Uhr tun*. Mit einem Geleitwort von Prof. Dr. Lothar Seiwert. Edition Forsbach, Fehmarn 2019

Gerrevink, Szilvia van: *Mehr Wertschätzung für dich und deine Arbeit*. Wertschätzungsclub, Linz 2018

Honisch, Margarethe: *Easy Money. Wie du deine Finanzen regelst, endlich vorsorgst und trotzdem gut lebst*. 5. Auflage, Piper Verlag, München 2019

Kiyosaki, Kim: *Rich Woma*n. Mit einem Vorwort von Robert Kiyosaki, Bestsellerautor von „Rich Dad, Poor Dad". 2. Auflage, Profitable Synergies GmbH, Stuttgart 2011

Klöckner, Bernd W.; Sommerfeld, Bianca: *Frauen und Geld. Ihr Weg zur finanziellen Unabhängigkeit*. Mosaik, Goldmann Verlag, München 2001

Kühme, Andrea: *Trau dich, Frau und frei zu sein. Wie du deine Weiblichkeit und eigene Werte lebst*. Goldegg Verlag, Wien 2019

Müller, Claudia: *Finanzen – Freiheit – Vorsorge. Der Weg zur finanziellen Unabhängigkeit – nicht nur für Frauen*. Springer Verlag, Heidelberg 2020

Orman, Suze: *Trau dich, reich zu werden. Was man selbst tun kann, um sich den Traum vom guten Leben zu erfüllen.* Campus Verlag, Frankfurt/Main 2000.

Ristig-Bresser, Stephanie: *Make. World. Wonder. Für die Welt, die wir uns wünschen.* Oekom Verlag, München 2020

Rupp, Nicole: *Haben kommt vom Sein. Der Wandel zur erfüllten Geldbeziehung.* Nicole Rupp, Neubiberg 2007

Schäfer, Bodo; Ferstl, Carola: *Geld tut Frauen richtig gut. So managen Sie Ihre Finanzen selbst und sind dabei viel erfolgreicher als die meisten Männer.* 4. Auflage, MV, München 2000

Schäfer, Bodo: *Der Weg zur finanziellen Freiheit. Ihre erste Million in 7 Jahren.* 6. Auflage, dtv Verlagsgesellschaft, München 2017

Sick, Helma; Schmidt, Renate: *Ein Mann ist keine Altersvorsorge. Warum finanzielle Unabhängigkeit für Frauen so wichtig ist.* Aktualisierte Ausgabe, Penguin Verlag, München 2019

Upgang, Mechthild: *Gewinn mit Sinn. Wie Sie Ihr Geld sicher anlegen - mit gutem Gewissen.* Oekom Verlag, München 2009

DANKE

Ich möchte dir danken, dass du mein Buch gelesen hast. Möge meine Geschichte und die der beteiligten Frauen dich zu wahrem inneren und äußeren Reichtum führen.

Darüber hinaus möchte ich den Menschen danken, die mit mir ihr Leben teilen und die an mich geglaubt haben. Zu allererst danke ich meinem Mann Michael, meinen Söhnen Stephan, Manuel und Johannes.

Danke auch an meine Freunde und Mentorinnen, meine beruflichen Wegbegleiterinnen und meine Netzwerkpartnerinnen. Mit euch ist das Leben so kostbar.

Ich bin sehr dankbar, dass mein Buch das Licht der Welt erblicken durfte mit Hilfe meiner Mentorin und Verlegerin, Frau Dr. Beate Forsbach. Ich danke ihr für das schöne Geleitwort und für ihre Geduld.

Mein Dank geht auch an Tim Gouder für das tolle Buchcover und an Sandra Dorn für das sorgfältige Korrektorat.

Und jetzt blicke ich auf die Dinge, die dieses Buch ermöglichen werden. Mögen viele Frauen finanzielle Freiheit, ein Leben in Selbstbestimmung mit nachhaltigen Geldanlagen erlangen!

Lass uns zusammen eine Welle zur persönlichen Freiheit und zur Gerechtigkeit in dieser Welt, in der wir leben, lostreten.

Oberhaid, im September 2021 Claudia Behringer

ZUR AUTORIN

Claudia Behringer, geboren 1955 in Franken, weiß, wovon sie spricht. Sie ist seit über 20 Jahren unabhängige Finanzexpertin. Sie hat in ihrem Finanzmaklerbüro als Fachberaterin für Nachhaltiges Investment über 500 Menschen erfolgreich beraten. Heute lebt sie in zweiter Ehe glücklich verheiratet in Oberfranken.

Vor 30 Jahren war sie nach Krankheit und Scheidung selbst in einer Situation, in der sie kaum genug Geld hatte, ihren drei kleinen Kindern etwas zu essen zu kaufen. Heute hat sie ihre persönliche und finanzielle Unabhängigkeit erreicht.

Ihre Vergangenheit hat sie motiviert, sich dem Thema Geld zu stellen. Mit ihrer Lebens- und Finanzerfahrung möchte sie Frauen Mut machen, ihre finanzielle Situation nicht zu verdrängen, so dass sie mit geordneten Finanzen ein glückliches und selbstbestimmtes Leben führen können, statt im Mittelmaß zu verharren.

Claudia Behringer zeigt mit ihrer eigenen Geschichte, dass jede Frau es mit einer Portion Mut schaffen kann, das gewünschte Lebensziel und die eigene Berufung zu finden. Mit 65 Jahren positionierte sie sich neu als Finanzcoach und unterstützt nun – statt Ruhestand – Frauen, die ihre Finanzen und damit ihr Leben selbstständig in die Hand nehmen wollen.

Als empathische Lebens- und Finanzberaterin unterstützt sie ihre Klientinnen dabei, ihre Einstellung zum Geld zu erkunden, Sachverhalte zu verstehen, die richtigen Entscheidungen zu treffen, finanzielle Angelegenheiten in Ordnung zu bringen sowie an die persönlichen Lebenssituationen und Wünsche anzupassen.

In Zeiten des Klimawandels ist es ihr zudem ein Herzensanliegen, Menschen von nachhaltigen Geldanlagen zu überzeugen. Ihrer Meinung nach ist Geld ein großer Hebel zur Lösung unserer globalen Probleme.

Kontakt:

Claudia Behringer
Angerstraße 10
96173 Oberhaid

Telefon: +49 9503 259002

E-Mail: info@claudiabehringer.de
Homepage: www.claudiabehringer.de

Facebook: www.facebook.com/claudia.behringer.355